Die Lieblingsgedichte der Deutschen

Wehe! wehe!
Beide Teile
Stehn in Eile
Schon als Knechte
Völlig fertig in die Höhe!
Helft mir, ach! ihr hohen Mächte!
Und sie laufen! Naß und nässer
Wird's im Saal und auf den Stufen.
Welch entsetzliches Gewässer!
Herr und Meister! hör' mich rufen! –
Ach, da kommt der Meister!
Herr, die Not ist groß!
Die ich rief, die Geister,
Werd' ich nun nicht los.

«In die Ecke,
Besen! Besen!
Seid's gewesen!
Denn als Geister
Ruft euch nur zu seinem Zwecke
Erst hervor der alte Meister.»

FRIEDRICH HÖLDERLIN

HÄLFTE DES LEBENS

Mit gelben Birnen hänget
Und voll mit wilden Rosen
Das Land in den See,
Ihr holden Schwäne,
Und trunken von Küssen
Tunkt ihr das Haupt
Ins heilignüchterne Wasser.

Weh mir, wo nehm ich, wenn
Es Winter ist, die Blumen, und wo
Den Sonnenschein,
Und Schatten der Erde?
Die Mauern stehn
Sprachlos und kalt, im Winde
Klirren die Fahnen.

RAINER MARIA RILKE

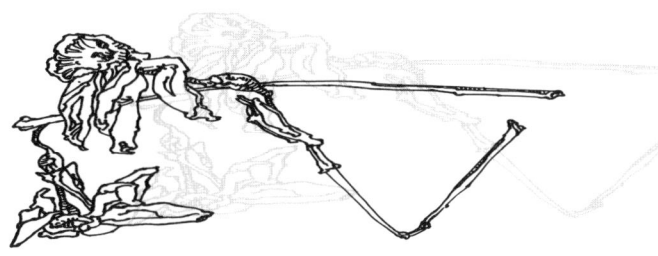

HERBST

Die Blätter fallen, fallen wie von weit,
als welkten in den Himmeln ferne Gärten;
sie fallen mit verneinender Gebärde.

Und in den Nächten fällt die schwere Erde
aus allen Sternen in die Einsamkeit.

Wir alle fallen. Diese Hand da fällt.
Und sieh dir andre an: es ist in allen.

Und doch ist Einer, welcher dieses Fallen
unendlich sanft in seinen Händen hält.

MATTHIAS CLAUDIUS

ABENDLIED

Der Mond ist aufgegangen,
Die goldnen Sternlein prangen
　Am Himmel hell und klar;
Der Wald steht schwarz und schweiget,
Und aus den Wiesen steiget
　Der weiße Nebel wunderbar.

Wie ist die Welt so stille,
Und in der Dämmrung Hülle
　So traulich und so hold!
Als eine stille Kammer,
Wo ihr des Tages Jammer
　Verschlafen und vergessen sollt.

Seht ihr den Mond dort stehen? –
Er ist nur halb zu sehen,
　Und ist doch rund und schön!
So sind wohl manche Sachen,
Die wir getrost belachen,
　Weil unsre Augen sie nicht sehn.

Wir stolze Menschenkinder
Sind eitel arme Sünder
   Und wissen gar nicht viel;
Wir spinnen Luftgespinste
Und suchen viele Künste
   Und kommen weiter von dem Ziel.

Gott, laß uns dein Heil schauen,
Auf nichts Vergänglichs trauen,
   Nicht Eitelkeit uns freun!
Laß uns einfältig werden
Und vor dir hier auf Erden
   Wie Kinder fromm und fröhlich sein!

Wollst endlich sonder Grämen
Aus dieser Welt uns nehmen
   Durch einen sanften Tod!
Und, wenn du uns genommen,
Laß uns in Himmel kommen,
   Du unser Herr und unser Gott!

So legt euch denn, ihr Brüder,
In Gottes Namen nieder;
   Kalt ist der Abendhauch.
Verschon uns, Gott! mit Strafen,
Und laß uns ruhig schlafen!
   Und unsern kranken Nachbar auch!

Johann Wolfgang Goethe

An den Mond

Füllest wieder Busch und Tal
Still mit Nebelglanz,
Lösest endlich auch einmal
Meine Seele ganz;

Breitest über mein Gefild
Lindernd deinen Blick,
Wie des Freundes Auge mild
Über mein Geschick.

Jeden Nachklang fühlt mein Herz
Froh- und trüber Zeit,
Wandle zwischen Freud' und Schmerz
In der Einsamkeit.

Fließe, fließe, lieber Fluß!
Nimmer werd' ich froh,
So verrauschte Scherz und Kuß,
Und die Treue so.

Ich besaß es doch einmal,
Was so köstlich ist!
Daß man doch zu seiner Qual
Nimmer es vergißt!

Rausche, Fluß, das Tal entlang,
Ohne Rast und Ruh,
Rausche, flüstre meinem Sang
Melodien zu,

Wenn du in der Winternacht
Wütend überschwillst
Oder um die Frühlingspracht
Junger Knospen quillst.

Selig, wer sich vor der Welt
Ohne Haß verschließt,
Einen Freund am Busen hält
Und mit dem genießt,

Was, von Menschen nicht gewußt
Oder nicht bedacht,
Durch das Labyrinth der Brust
Wandelt in der Nacht.

Johann Wolfgang Goethe

Erlkönig

Wer reitet so spät durch Nacht und Wind?
Es ist der Vater mit seinem Kind;
Er hat den Knaben wohl in dem Arm,
Er faßt ihn sicher, er hält ihn warm. –

Mein Sohn, was birgst du so bang dein Gesicht? –
Siehst, Vater, du den Erlkönig nicht?
Den Erlenkönig mit Kron' und Schweif? –
Mein Sohn, es ist ein Nebelstreif. –

«Du liebes Kind, komm, geh mit mir!
Gar schöne Spiele spiel' ich mit dir;
Manch' bunte Blumen sind an dem Strand;
Meine Mutter hat manch' gülden Gewand.»

Mein Vater, mein Vater, und hörest du nicht,
Was Erlenkönig mir leise verspricht? –
Sei ruhig, bleibe ruhig, mein Kind!
In dürren Blättern säuselt der Wind. –

«Willst, feiner Knabe du mit mir gehn?
Meine Töchter sollen dich warten schön;
Meine Töchter führen den nächtlichen Reihn
Und wiegen und tanzen und singen dich ein.»

Mein Vater, mein Vater, und siehst du nicht dort
Erlkönigs Töchter am düstern Ort? –
Mein Sohn, mein Sohn, ich seh' es genau;
Es scheinen die alten Weiden so grau. –

«Ich liebe dich, mich reizt deine schöne Gestalt;
Und bist du nicht willig, so brauch' ich Gewalt.» –
Mein Vater, mein Vater, jetzt faßt er mich an!
Erlkönig hat mir ein Leids getan! –

Dem Vater grauset's, er reitet geschwind,
Er hält in Armen das ächzende Kind,
Erreicht den Hof mit Mühe und Not;
In seinen Armen das Kind war tot.

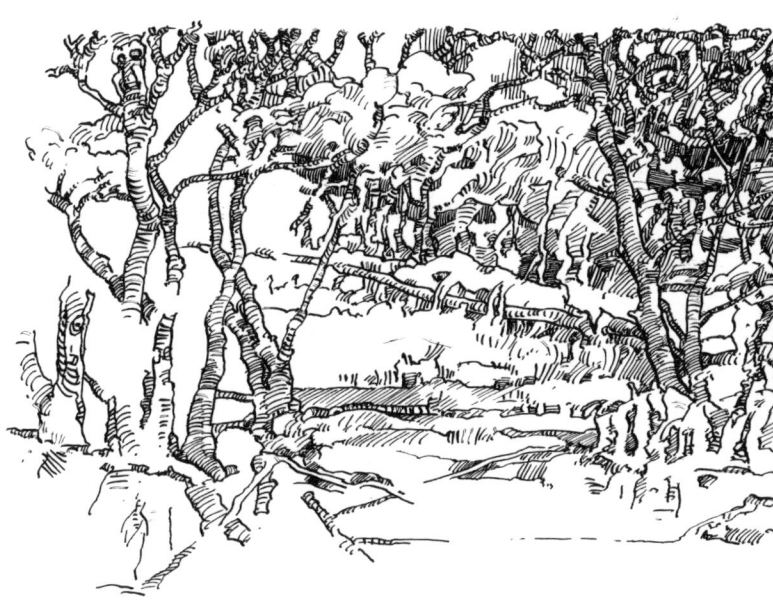

PAUL CELAN

TODESFUGE

Schwarze Milch der Frühe wir trinken sie abends
wir trinken sie mittags und morgens wir trinken sie nachts
wir trinken und trinken
wir schaufeln ein Grab in den Lüften da liegt man nicht eng
Ein Mann wohnt im Haus der spielt mit den Schlangen der schreibt
der schreibt wenn es dunkelt nach Deutschland dein goldenes Haar
                              Margarete
er schreibt es und tritt vor das Haus und es blitzen die Sterne
                                  er pfeift seine Rüden herbei
er pfeift seine Juden hervor läßt schaufeln ein Grab in der Erde
er befiehlt uns spielt auf nun zum Tanz

Schwarze Milch der Frühe wir trinken dich nachts
wir trinken dich morgens und mittags wir trinken dich abends
wir trinken und trinken
Ein Mann wohnt im Haus der spielt mit den Schlangen der schreibt
der schreibt wenn es dunkelt nach Deutschland dein goldenes Haar
                              Margarete
Dein aschenes Haar Sulamith wir schaufeln ein Grab in den Lüften
                              da liegt man nicht eng

Er ruft stecht tiefer ins Erdreich ihr einen ihr andern singet
                            und spielt
er greift nach dem Eisen im Gurt er schwingts seine Augen sind blau
stecht tiefer die Spaten ihr einen ihr andern spielt weiter
                            zum Tanz auf

Schwarze Milch der Frühe wir trinken dich nachts
wir trinken dich mittags und morgens wir trinken dich abends
wir trinken und trinken
ein Mann wohnt im Haus dein goldenes Haar Margarete
dein aschenes Haar Sulamith er spielt mit den Schlangen

Er ruft spielt süßer den Tod der Tod ist ein Meister aus Deutschland
er ruft streicht dunkler die Geigen dann steigt ihr als Rauch
                                   in die Luft
dann habt ihr ein Grab in den Wolken da liegt man nicht eng

Schwarze Milch der Frühe wir trinken dich nachts
wir trinken dich mittags der Tod ist ein Meister aus Deutschland
wir trinken dich abends und morgens wir trinken und trinken
der Tod ist ein Meister aus Deutschland sein Auge ist blau

er trifft dich mit bleierner Kugel er trifft dich genau
ein Mann wohnt im Haus dein goldenes Haar Margarete
er hetzt seine Rüden auf uns er schenkt uns ein Grab in der Luft
er spielt mit den Schlangen und träumet der Tod ist ein Meister
                                           aus Deutschland

dein goldenes Haar Margarete
dein aschenes Haar Sulamith

JOSEPH VON EICHENDORFF

WÜNSCHELRUTE

Schläft ein Lied in allen Dingen,
Die da träumen fort und fort,
Und die Welt hebt an zu singen,
Triffst du nur das Zauberwort.

Zaunkönig!

ERICH KÄSTNER

DER MAI

Im Galarock des heiteren Verschwenders,
ein Blumenzepter in der schmalen Hand,
fährt nun der Mai, der Mozart des Kalenders,
aus seiner Kutsche grüßend, über Land.

Es überblüht sich, er braucht nur zu winken.
Er winkt! Und rollt durch einen Farbenhain.
Blaumeisen flattern ihm voraus und Finken.
Und Pfauenaugen flügeln hinterdrein.

Die Apfelbäume hinterm Zaun erröten.
Die Birken machen einen grünen Knicks.
Die Drosseln spielen, auf ganz kleinen Flöten,
das Scherzo aus der Symphonie des Glücks.

Die Kutsche rollt durch atmende Pastelle.
Wir ziehn den Hut. Die Kutsche rollt vorbei.
Die Zeit versinkt in einer Fliederwelle.
O, gäb es doch ein Jahr aus lauter Mai!

Melancholie und Freude sind wohl Schwestern.
Und aus den Zweigen fällt verblühter Schnee.
Mit jedem Pulsschlag wird aus Heute Gestern.
Auch Glück kann weh tun. Auch der Mai tut weh.

Er nickt uns zu und ruft: «Ich komm ja wieder!»
Aus Himmelblau wird langsam Abendgold.
Er grüßt die Hügel, und er winkt dem Flieder.
Er lächelt. Lächelt. Und die Kutsche rollt.

Johann Wolfgang Goethe

Wandrers Nachtlied II

Über allen Gipfeln
Ist Ruh,
In allen Wipfeln
Spürest du
Kaum einen Hauch;
Die Vögelein schweigen im Walde.
Warte nur, balde
Ruhest du auch.

EDUARD MÖRIKE

UM MITTERNACHT

Gelassen stieg die Nacht ans Land,
Lehnt träumend an der Berge Wand,
Ihr Auge sieht die goldne Waage nun
Der Zeit in gleichen Schalen stille ruhn;
    Und kecker rauschen die Quellen hervor,
    Sie singen der Mutter, der Nacht, ins Ohr.
        Vom Tage,
    Vom heute gewesenen Tage.

Das uralt alte Schlummerlied,
Sie achtet's nicht, sie ist es müd;
Ihr klingt des Himmels Bläue süßer noch,
Der flüchtgen Stunden gleichgeschwungnes Joch.
    Doch immer behalten die Quellen das Wort,
    Es singen die Wasser im Schlafe noch fort
        Vom Tage,
    Vom heute gewesenen Tage.

Johann Wolfgang Goethe

PROMETHEUS

Bedecke deinen Himmel, Zeus,
Mit Wolkendunst!
Und übe, Knaben gleich,
Der Disteln köpft,
An Eichen dich und Bergeshöhn!
Mußt mir meine Erde
Doch lassen stehn,
Und meine Hütte,
Die du nicht gebaut,
Und meinen Herd,
Um dessen Glut
Du mich beneidest.

Ich kenne nichts Ärmer's
Unter der Sonn' als euch Götter.
Ihr nähret kümmerlich
Von Opfersteuern
Und Gebetshauch
Eure Majestät
Und darbtet, wären
Nicht Kinder und Bettler
Hoffnungsvolle Toren.

Da ich ein Kind war,
Nicht wußt', wo aus, wo ein,
Kehrte mein verirrtes Aug'
Zur Sonne, als wenn drüber wär'
Ein Ohr, zu hören meine Klage,
Ein Herz wie meins,
Sich des Bedrängten zu erbarmen.

Wer half mir wider
Der Titanen Übermut?
Wer rettete vom Tode mich,
Von Sklaverei?
Hast du's nicht alles selbst vollendet,
Heilig glühend Herz?
Und glühtest, jung und gut,
Betrogen, Rettungsdank
Dem Schlafenden dadroben?

Ich dich ehren? Wofür?
Hast du die Schmerzen gelindert
Je des Beladenen?
Hast du die Tränen gestillet
Je des Geängsteten?
Hat nicht mich zum Manne geschmiedet
Die allmächtige Zeit
Und das ewige Schicksal,
Meine Herrn und deine?

Wähntest du etwa,
Ich sollte das Leben hassen,
In Wüsten fliehn,
Weil nicht alle Knabenmorgen-
Blütenträume reiften?

Hier sitz' ich, forme Menschen
Nach meinem Bilde,
Ein Geschlecht, das mir gleich sei,
Zu leiden, weinen,
Genießen und zu freuen sich,
Und dein nicht zu achten,
Wie ich.

Friedrich Hebbel

Herbstbild

Dies ist ein Herbsttag, wie ich keinen sah!
　Die Luft ist still, als atmete man kaum,
Und dennoch fallen raschelnd, fern und nah,
　Die schönsten Früchte ab von jedem Baum.

O stört sie nicht, die Feier der Natur!
　Dies ist die Lese, die sie selber hält,
Denn heute löst sich von den Zweigen nur,
　Was vor dem milden Strahl der Sonne fällt.

Friedrich Schiller

Das Lied von der Glocke

Vivos voco. Mortuos plango. Fulgura frango

    Fest gemauert in der Erden
    Steht die Form, aus Lehm gebrannt.
    Heute muß die Glocke werden,
    Frisch, Gesellen, seid zur Hand.
        Von der Stirne heiß
        Rinnen muß der Schweiß,
    Soll das Werk den Meister loben,
    Doch der Segen kommt von oben.

Zum Werke, das wir ernst bereiten,
Geziemt sich wohl ein ernstes Wort;
Wenn gute Reden sie begleiten,
Dann fließt die Arbeit munter fort.
So laßt uns jetzt mit Fleiß betrachten,
Was durch die schwache Kraft entspringt,
Den schlechten Mann muß man verachten,
Der nie bedacht, was er vollbringt.
Das ist's ja, was den Menschen zieret,
Und dazu ward ihm der Verstand,
Daß er im innern Herzen spüret,
Was er erschafft mit seiner Hand.

Nehmet Holz vom Fichtenstamme,
Doch recht trocken laßt es sein,
Daß die eingepreßte Flamme
Schlage zu dem Schwalch hinein.
   Kocht des Kupfers Brei,
   Schnell das Zinn herbei,
Daß die zähe Glockenspeise
Fließe nach der rechten Weise.

Was in des Dammes tiefer Grube
Die Hand mit Feuers Hülfe baut,
Hoch auf des Turmes Glockenstube
Da wird es von uns zeugen laut.
Noch dauern wird's in späten Tagen
Und rühren vieler Menschen Ohr,
Und wird mit dem Betrübten klagen,
Und stimmen zu der Andacht Chor.
Was unten tief dem Erdensohne
Das wechselnde Verhängnis bringt,
Das schlägt an die metallne Krone,
Die es erbaulich weiterklingt.

   Weiße Blasen seh ich springen,
Wohl! die Massen sind im Fluß.
Laßt's mit Aschensalz durchdringen,
Das befördert schnell den Guß.
   Auch von Schaume rein
   Muß die Mischung sein,
Daß vom reinlichen Metalle
Rein und voll die Stimme schalle.

Denn mit der Freude Feierklange
Begrüßt sie das geliebte Kind
Auf seines Lebens erstem Gange,
Den es in Schlafes Arm beginnt;
Ihm ruhen noch im Zeitenschoße
Die schwarzen und die heitern Lose,
Der Mutterliebe zarte Sorgen
Bewachen seinen goldnen Morgen –
Die Jahre fliehen pfeilgeschwind,
Vom Mädchen reißt sich stolz der Knabe,
Er stürmt ins Leben wild hinaus,
Durchmißt die Welt am Wanderstabe.
Fremd kehrt er heim ins Vaterhaus,
Und herrlich, in der Jugend Prangen,
Wie ein Gebild aus Himmelshöhn,
Mit züchtigen, verschämten Wangen
Sieht er die Jungfrau vor sich stehn.
Da faßt ein namenloses Sehnen
Des Jünglings Herz, er irrt allein,
Aus seinen Augen brechen Tränen,
Er flieht der Brüder wilden Reihn.
Errötend folgt er ihren Spuren
Und ist von ihrem Gruß beglückt,
Das Schönste sucht er auf den Fluren,
Womit er seine Liebe schmückt.
Oh! zarte Sehnsucht, süßes Hoffen,
Der ersten Liebe goldne Zeit,
Das Auge sieht den Himmel offen,
Es schwelgt das Herz in Seligkeit,

Oh! daß sie ewig grünen bliebe,
Die schöne Zeit der jungen Liebe!
    Wie sich schon die Pfeifen bräunen!
Dieses Stäbchen tauch ich ein,
Sehn wir's überglast erscheinen,
Wirds zum Gusse zeitig sein.
    Jetzt, Gesellen, frisch!
    Prüft mir das Gemisch,
  Ob das Spröde mit dem Weichen
Sich vereint zum guten Zeichen.

Denn wo das Strenge mit dem Zarten,
Wo Starkes sich und Mildes paarten,
Da gibt es einen guten Klang.
Drum prüfe, wer sich ewig bindet,
Ob sich das Herz zum Herzen findet!
Der Wahn ist kurz, die Reu ist lang.
Lieblich in der Bräute Locken
Spielt der jungfräuliche Kranz,
Wenn die hellen Kirchenglocken
Laden zu des Festes Glanz.
Ach! des Lebens schönste Feier
Endigt auch den Lebensmai,
Mit dem Gürtel, mit dem Schleier
Reißt der schöne Wahn entzwei.
Die Leidenschaft flieht!
Die Liebe muß bleiben,
Die Blume verblüht,
Die Frucht muß treiben.
Der Mann muß hinaus

Ins feindliche Leben,
Muß wirken und streben
Und pflanzen und schaffen,
Erlisten, erraffen,
Muß wetten und wagen,
Das Glück zu erjagen.
Da strömet herbei die unendliche Gabe,
Es füllt sich der Speicher mit köstlicher Habe,
Die Räume wachsen, es dehnt sich das Haus.
Und drinnen waltet
Die züchtige Hausfrau,
Die Mutter der Kinder,
Und herrschet weise
Im häuslichen Kreise,
Und lehret die Mädchen
Und wehret den Knaben,
Und reget ohn Ende
Die fleißigen Hände,
Und mehrt den Gewinn
Mit ordnendem Sinn.
Und füllet mit Schätzen die duftenden Laden,
Und dreht um die schnurrende Spindel den Faden,
Und sammelt im reinlich geglätteten Schrein
Die schimmernde Wolle, den schneeigten Lein,
Und füget zum Guten den Glanz und den Schimmer,
Und ruhet nimmer.

Und der Vater mit frohem Blick
Von des Hauses weitschauendem Giebel
Überzählet sein blühend Glück,

Siehet der Pfosten ragende Bäume
Und der Scheunen gefüllte Räume
Und die Speicher, vom Segen gebogen,
Und des Kornes bewegte Wogen,
Rühmt sich mit stolzem Mund:
Fest, wie der Erde Grund,
Gegen des Unglücks Macht
Steht mir des Hauses Pracht!
Doch mit des Geschickes Mächten
Ist kein ew'ger Bund zu flechten,
Und das Unglück schreitet schnell.

    Wohl! Nun kann der Guß beginnen,
    Schön gezacket ist der Bruch.
    Doch, bevor wir's lassen rinnen,
    Betet einen frommen Spruch!
      Stoßt den Zapfen aus!
      Gott bewahr das Haus.
    Rauchend in des Henkels Bogen
    Schießt's mit feuerbraunen Wogen.

Wohltätig ist des Feuers Macht,
Wenn sie der Mensch bezähmt, bewacht,
Und was er bildet, was er schafft,
Das dankt er dieser Himmelskraft;
Doch furchtbar wird die Himmelskraft,
Wenn sie der Fessel sich entrafft,
Einhertritt auf der eignen Spur
Die freie Tochter der Natur.
Wehe, wenn sie losgelassen
Wachsend ohne Widerstand

Durch die volkbelebten Gassen
Wälzt den ungeheuren Brand!
Denn die Elemente hassen
Das Gebild der Menschenhand.
Aus der Wolke
Quillt der Segen,
Strömt der Regen,
Aus der Wolke, ohne Wahl,
Zuckt der Strahl!
Hört ihr's wimmern hoch vom Turm?
Das ist Sturm!
Rot wie Blut
Ist der Himmel,
Das ist nicht des Tages Glut!
Welch Getümmel
Straßen auf!
Dampf wallt auf!
Flackernd steigt die Feuersäule,
Durch der Straße lange Zeile
Wächst es fort mit Windeseile,
Kochend wie aus Ofens Rachen
Glühn die Lüfte, Balken krachen,
Pfosten stürzen, Fenster klirren,
Kinder jammern, Mütter irren,
Tiere wimmern
Unter Trümmern.
Alles rennet, rettet, flüchtet,
Taghell ist die Nacht gelichtet,
Durch der Hände lange Kette
Um die Wette

Fliegt der Eimer, hoch im Bogen
Sprützen Quellen, Wasserwogen.
Heulend kommt der Sturm geflogen,
Der die Flamme brausend sucht.
Prasselnd in die dürre Frucht
Fällt sie, in des Speichers Räume,
In der Sparren dürre Bäume,
Und als wollte sie im Wehen
Mit sich fort der Erde Wucht
Reißen, in gewalt'ger Flucht,
Wächst sie in des Himmels Höhen
Riesengroß!
Hoffnungslos
Weicht der Mensch der Götterstärke,
Müßig sieht er seine Werke
Und bewundernd untergehen.

Leergebrannt
Ist die Stätte,
Wilder Stürme rauhes Bette,
In den öden Fensterhöhlen
Wohnt das Grauen,
Und des Himmels Wolken schauen
Hoch hinein.

Einen Blick
Nach dem Grabe
Seiner Habe
Sendet noch der Mensch zurück –
Greift fröhlich dann zum Wanderstabe,
Was Feuers Wut ihm auch geraubt,

Ein süßer Trost ist ihm geblieben,
Er zählt die Häupter seiner Lieben
Und sieh! ihm fehlt kein teures Haupt.

In die Erd ist's aufgenommen,
Glücklich ist die Form gefüllt,
Wird's auch schön zutage kommen,
Daß es Fleiß und Kunst vergilt?
Wenn der Guß mißlang?
Wenn die Form zersprang?
Ach! vielleicht, indem wir hoffen,
Hat uns Unheil schon getroffen.

Dem dunkeln Schoß der heil'gen Erde
Vertrauen wir der Hände Tat,
Vertraut der Sämann seine Saat
Und hofft, daß sie entkeimen werde
Zum Segen, nach des Himmels Rat.
Noch köstlicheren Samen bergen
Wir traurend in der Erde Schoß
Und hoffen, daß er aus den Särgen
Erblühen soll zu schönerm Los.

Von dem Dome,
Schwer und bang,
Tönt die Glocke
Grabgesang.
Ernst begleiten ihre Trauerschläge
Einen Wandrer auf dem letzten Wege.

Ach! die Gattin ist's, die teure,
Ach! es ist die treue Mutter,
Die der schwarze Fürst der Schatten
Wegführt aus dem Arm des Gatten,
Aus der zarten Kinder Schar,
Die sie blühend ihm gebar,
Die sie an der treuen Brust
Wachsen sah mit Mutterlust –
Ach! des Hauses zarte Bande
Sind gelöst auf immerdar,
Denn sie wohnt im Schattenlande,
Die des Hauses Mutter war,
Denn es fehlt ihr treues Walten,
Ihre Sorge wacht nicht mehr,
An verwaister Stätte schalten
Wird die Fremde, liebeleer.

    Bis die Glocke sich verkühlet,
    Laßt die strenge Arbeit ruhn,
    Wie im Laub der Vogel spielet,
    Mag sich jeder gütlich tun.
      Winkt der Sterne Licht,
      Ledig aller Pflicht,
    Hört der Pursch die Vesper schlagen,
    Meister muß sich immer plagen.

Munter fördert seine Schritte
Fern im wilden Forst der Wandrer
Nach der lieben Heimathütte.
Blökend ziehen heim die Schafe,
Und der Rinder

Breitgestirnte, glatte Scharen
Kommen brüllend,
Die gewohnten Ställe füllend.

Schwer herein
Schwankt der Wagen,
Kornbeladen,
Bunt von Farben
Auf den Garben
Liegt der Kranz,
Und das junge Volk der Schnitter
Fliegt zum Tanz.
Markt und Straße werden stiller,
Um des Lichts gesell'ge Flamme
Sammeln sich die Hausbewohner,
Und das Stadttor schließt sich knarrend.
Schwarz bedecket
Sich die Erde,
Doch den sichern Bürger schrecket
Nicht die Nacht,
Die den Bösen gräßlich wecket,
Denn das Auge des Gesetzes wacht.

Heil'ge Ordnung, segenreiche
Himmelstochter, die das Gleiche
Frei und leicht und freudig bindet,
Die der Städte Bau gegründet,
Die herein von den Gefilden
Rief den ungesell'gen Wilden,
Eintrat in der Menschen Hütten,
Sie gewöhnt zu sanften Sitten

Und das teuerste der Bande
Wob, den Trieb zum Vaterlande!
Tausend fleiß'ge Hände regen,
Helfen sich in munterm Bund,
Und in feurigem Bewegen
Werden alle Kräfte kund.
Meister rührt sich und Geselle
In der Freiheit heil'gem Schutz.
Jeder freut sich seiner Stelle,
Bietet dem Verächter Trutz.
Arbeit ist des Bürgers Zierde,
Segen ist der Mühe Preis,
Ehrt den König seine Würde,
Ehret *uns* der Hände Fleiß.

Holder Friede,
Süße Eintracht,
Weilet, weilet
Freundlich über dieser Stadt!
Möge nie der Tag erscheinen,
Wo des rauhen Krieges Horden
Dieses stille Tal durchtoben,
Wo der Himmel,
Den des Abends sanfte Röte
Lieblich malt,
Von der Dörfer, von der Städte
Wildem Brande schrecklich strahlt!

Nun zerbrecht mir das Gebäude,
Seine Absicht hat's erfüllt,
Daß sich Herz und Auge weide
An dem wohlgelungnen Bild.
Schwingt den Hammer, schwingt,
Bis der Mantel springt,
Wenn die Glock soll auferstehen,
Muß die Form in Stücken gehen.

Der Meister kann die Form zerbrechen
Mit weiser Hand, zur rechten Zeit,
Doch wehe, wenn in Flammenbächen
Das glühnde Erz sich selbst befreit!
Blindwütend mit des Donners Krachen
Zersprengt es das geborstne Haus,
Und wie aus offnem Höllenrachen
Speit es Verderben zündend aus;
Wo rohe Kräfte sinnlos walten,
Da kann sich kein Gebild gestalten,
Wenn sich die Völker selbst befrein,
Da kann die Wohlfahrt nicht gedeihn.

Weh, wenn sich in dem Schoß der Städte
Der Feuerzunder still gehäuft,
Das Volk, zerreißend seine Kette,
Zur Eigenhilfe schrecklich greift!
Da zerret an der Glocke Strängen
Der Aufruhr, daß sie heulend schallt
Und, nur geweiht zu Friedensklängen,
Die Losung anstimmt zur Gewalt.

Freiheit und Gleichheit! hört man schallen,
Der ruh'ge Bürger greift zur Wehr,
Die Straßen füllen sich, die Hallen,
Und Würgerbanden ziehn umher,
Da werden Weiber zu Hyänen
Und treiben mit Entsetzen Scherz,
Noch zuckend, mit des Panthers Zähnen,
Zerreißen sie des Feindes Herz.
Nichts Heiliges ist mehr, es lösen
Sich alle Bande frommer Scheu,
Der Gute räumt den Platz dem Bösen,
Und alle Laster walten frei.
Gefährlich ist's, den Leu zu wecken,
Verderblich ist des Tigers Zahn,
Jedoch der schrecklichste der Schrecken,
Das ist der Mensch in seinem Wahn.
Weh denen, die dem Ewigblinden
Des Lichtes Himmelsfackel leihn!
Sie strahlt ihm nicht, sie kann nur zünden
Und äschert Städt und Länder ein.

    Freude hat mir Gott gegeben!
    Sehet! wie ein goldner Stern
    Aus der Hülse, blank und eben,
    Schält sich der metallne Kern.
        Von dem Helm zum Kranz
        Spielt's wie Sonnenglanz,
    Auch des Wappens nette Schilder
    Loben den erfahrnen Bilder.

Herein! herein!
Gesellen alle, schließt den Reihen,
Daß wir die Glocke taufend weihen,
Concordia soll ihr Name sein,
Zur Eintracht, zu herzinnigem Vereine
Versammle sie die liebende Gemeine.

Und dies sei fortan ihr Beruf,
Wozu der Meister sie erschuf!
Hoch überm niedern Erdenleben
Soll sie in blauem Himmelszelt
Die Nachbarin des Donners schweben
Und grenzen an die Sternenwelt,
Soll eine Stimme sein von oben,
Wie der Gestirne helle Schar,
Die ihren Schöpfer wandelnd loben
Und führen das bekränzte Jahr.
Nur ewigen und ernsten Dingen
Sei ihr metallner Mund geweiht,
Und stündlich mit den schnellen Schwingen
Berühr im Fluge sie die Zeit,
Dem Schicksal leihe sie die Zunge,
Selbst herzlos, ohne Mitgefühl,
Begleite sie mit ihrem Schwunge
Des Lebens wechselvolles Spiel.
Und wie der Klang im Ohr vergehet,
Der mächtig tönend ihr entschallt,
So lehre sie, daß nichts bestehet,
Daß alles Irdische verhallt.

Jetzo mit der Kraft des Stranges
Wiegt die Glock mir aus der Gruft,
Daß sie in das Reich des Klanges
Steige, in die Himmelsluft.
   Ziehet, ziehet, hebt!
Sie bewegt sich, schwebt,
Freude dieser Stadt bedeute,
Friede sei ihr erst Geläute.

OTTO ERNST

NIS RANDERS

Krachen und Heulen und berstende Nacht,
Dunkel und Flammen in rasender Jagd –
ein Schrei durch die Brandung!

Und brennt der Himmel, so sieht mans gut:
Ein Wrack auf der Sandbank! Noch wiegt es die Flut;
gleich holt sichs der Abgrund.

Nis Randers lugt – und ohne Hast
spricht er: «Da hängt noch ein Mann im Mast;
wir müssen ihn holen!»

Da faßt ihn die Mutter: «Du steigst mir nicht ein:
dich will ich behalten, du bliebst mir allein,
ich wills, deine Mutter!

Dein Vater ging unter und Momme, mein Sohn;
drei Jahre verschollen ist Uwe schon,
mein Uwe, mein Uwe!»

Nis tritt auf die Brücke. Die Mutter ihm nach!
Er weist nach dem Wrack und spricht gemach:
«Und *seine* Mutter?»

Nun springt er ins Boot und mit ihm noch sechs:
hohes, hartes Friesengewächs;
schon sausen die Ruder.

Boot oben, Boot unten, ein Höllentanz!
Nun muß es zerschmettern! Nein, es blieb ganz!
Wie lange? Wie lange?

Mit feurigen Geißeln peitscht das Meer
die menschenfressenden Rosse daher;
sie schnauben und schäumen.

Wie hechelnde Hast sie zusammenzwingt!
Eins auf den Nacken des andern springt
mit stampfenden Hufen!

Drei Wetter zusammen! Nun brennt die Welt!
Was da? Ein Boot, das landwärts hält!
Sie sind es! Sie kommen!

Und Auge und Ohr ins Dunkel gespannt.
Still – ruft da nicht einer? Er schreits durch die Hand:
«Sagt Mutter, 's ist Uwe!»

Theodor Fontane

John Maynard

John Maynard!
 «Wer ist John Maynard?»
«John Maynard war unser Steuermann,
Aushielt er, bis er das Ufer gewann,
Er hat uns gerettet, er trägt die Kron',
Er starb für uns, unsre Liebe sein Lohn.
 John Maynard.»

Die «Schwalbe» fliegt über den Eriesee,
Gischt schäumt um den Bug wie Flocken von Schnee,
Von Detroit fliegt sie nach Buffalo –
Die Herzen aber sind frei und froh,
Und die Passagiere mit Kindern und Fraun
Im Dämmerlicht schon das Ufer schaun,
Und plaudernd an John Maynard heran
Tritt alles: «Wie weit noch, Steuermann?»
Der schaut nach vorn und schaut in die Rund:
«Noch dreißig Minuten... halbe Stund.»

Alle Herzen sind froh, alle Herzen sind frei –
Da klingts aus dem Schiffsraum her wie Schrei,
«Feuer!» war es, was da klang,
Ein Qualm aus Kajüt' und Luke drang,
Ein Qualm, dann Flammen lichterloh,
Und noch zwanzig Minuten bis Buffalo.

Und die Passagiere, buntgemengt,
Am Bugspriet stehn sie zusammengedrängt,
Am Bugspriet vorn ist noch Luft und Licht,
Am Steuer aber lagert sichs dicht,
Und ein Jammern wird laut: «Wo sind wir? wo?»
Und noch fünfzehn Minuten bis Buffalo. –

Der Zugwind wächst, doch die Qualmwolke steht,
Der Kapitän nach dem Steuer späht,
Er sieht nicht mehr seinen Steuermann,
Aber durchs Sprachrohr fragt er an:
«Noch da, John Maynard?»
                              «Ja, Herr. Ich bin.»
«Auf den Strand! In die Brandung!»
                              «Ich halte drauf hin.»
Und das Schiffsvolk jubelt: «Halt aus! Hallo!»
Und noch zehn Minuten bis Buffalo. – –

«Noch da, John Maynard?» Und Antwort schallts
Mit ersterbender Stimme: «Ja, Herr, ich halts!»
Und in die Brandung, was Klippe, was Stein,
Jagt er die «Schwalbe» mitten hinein.
Soll Rettung kommen, so kommt sie nur so.
Rettung: der Strand von Buffalo!

Das Schiff geborsten. Das Feuer verschwelt.
Gerettet alle. Nur einer fehlt!
Alle Glocken gehn; ihre Töne schwelln
Himmelan aus Kirchen und Kapelln,
Ein Klingen und Läuten, sonst schweigt die Stadt,
Ein Dienst nur, den sie heute hat:
Zehntausend folgen oder mehr,
Und kein Aug im Zuge, das tränenleer.

Sie lassen den Sarg in Blumen hinab,
Mit Blumen schließen sie das Grab,
Und mit goldner Schrift in den Marmorstein
Schreibt die Stadt ihren Dankspruch ein:
«Hier ruht John Maynard! In Qualm und Brand
Hielt er das Steuer fest in der Hand,
Er hat uns gerettet, er trägt die Kron',
Er starb für uns, unsre Liebe sein Lohn.
John Maynard.»

HERMANN HESSE

IM NEBEL

Seltsam, im Nebel zu wandern!
Einsam ist jeder Busch und Stein,
Kein Baum sieht den andern,
Jeder ist allein.

Voll von Freunden war mir die Welt,
Als noch mein Leben licht war;
Nun, da der Nebel fällt,
Ist keiner mehr sichtbar.

Wahrlich, keiner ist weise,
Der nicht das Dunkel kennt,
Das unentrinnbar und leise
Von allen ihn trennt.

Seltsam, im Nebel zu wandern!
Leben ist Einsamsein.
Kein Mensch kennt den andern,
Jeder ist allein.

LUDWIG UHLAND

FRÜHLINGSGLAUBE

Die linden Lüfte sind erwacht,
Sie säuseln und weben Tag und Nacht,
Sie schaffen an allen Enden.
O frischer Duft, o neuer Klang!
Nun, armes Herze, sei nicht bang!
Nun muß sich alles, alles wenden.

Die Welt wird schöner mit jedem Tag,
Man weiß nicht, was noch werden mag,
Das Blühen will nicht enden.
Es blüht das fernste, tiefste Tal:
Nun, armes Herz, vergiß der Qual!
Nun muß sich alles, alles wenden.

JOHANN WOLFGANG GOETHE

GESANG DER GEISTER ÜBER DEN WASSERN

Des Menschen Seele
Gleicht dem Wasser:
Vom Himmel kommt es,
Zum Himmel steigt es,
Und wieder nieder
Zur Erde muß es,
Ewig wechselnd.

Strömt von der hohen,
Steilen Felswand
Der reine Strahl,
Dann stäubt er lieblich
In Wolkenwellen
Zum glatten Fels,
Und leicht empfangen
Wallt er verschleiernd,
Leisrauschend
Zur Tiefe nieder.

Ragen Klippen
Dem Sturz entgegen,
Schäumt er unmutig
Stufenweise
Zum Abgrund.

Im flachen Bette
Schleicht er das Wiesental hin,
Und in dem glatten See
Weiden ihr Antlitz
Alle Gestirne.

Wind ist der Welle
Lieblicher Buhler;
Wind mischt vom Grund aus
Schäumende Wogen.

Seele des Menschen,
Wie gleichst du dem Wasser!
Schicksal des Menschen,
Wie gleichst du dem Wind!

Theodor Storm

Abseits

Es ist so still; die Heide liegt
Im warmen Mittagssonnenstrahle,
Ein rosenroter Schimmer fliegt
Um ihre alten Gräbermale;
Die Kräuter blühn; der Heideduft
Steigt in die blaue Sommerluft.

Laufkäfer hasten durch's Gesträuch
In ihren goldnen Panzerröckchen,
Die Bienen hängen Zweig um Zweig
Sich an der Edelheide Glöckchen;
Die Vögel schwirren aus dem Kraut –
Die Luft ist voller Lerchenlaut.

Ein halbverfallen' niedrig' Haus
Steht einsam hier und sonnbeschienen;
Der Kätner lehnt zur Tür hinaus,
Behaglich blinzelnd nach den Bienen;
Sein Junge auf dem Stein davor
Schnitzt Pfeifen sich aus Kälberrohr.

Kaum zittert durch die Mittagsruh
Ein Schlag der Dorfuhr, der entfernten;
Dem Alten fällt die Wimper zu,
Er träumt von seinen Honigernten.
– Kein Klang der aufgeregten Zeit
Drang noch in diese Einsamkeit.

Hans Carossa

Der alte Brunnen

Lösch aus dein Licht und schlaf! Das immer wache
Geplätscher nur vom alten Brunnen tönt.
Wer aber Gast war unter meinem Dache,
Hat sich stets bald an diesen Ton gewöhnt.

Zwar kann es einmal sein, wenn du schon mitten
Im Traume bist, daß Unruh geht ums Haus,
Der Kies beim Brunnen knirscht von harten Tritten,
Das helle Plätschern setzt auf einmal aus,

Und du erwachst, – dann mußt du nicht erschrecken!
Die Sterne stehn vollzählig überm Land,
Und nur ein Wandrer trat ans Marmorbecken,
Der schöpft vom Brunnen mit der hohlen Hand.

Es geht gleich weiter, und es rauscht wie immer.
O freue dich, du bleibst nicht einsam hier.
Viel Wandrer gehen fern im Sternenschimmer,
Und mancher noch ist auf dem Weg zu dir.

Rainer Maria Rilke

Ich lebe mein Leben

Ich lebe mein Leben in wachsenden Ringen,
die sich über die Dinge ziehn.
Ich werde den letzten vielleicht nicht vollbringen,
aber versuchen will ich ihn.

Ich kreise um Gott, um den uralten Turm,
und ich kreise jahrtausendelang;
und ich weiß noch nicht: bin ich ein Falke, ein Sturm
oder ein großer Gesang.

WILHELM LEHMANN

ATEMHOLEN

Der Duft des zweiten Heus schwebt auf dem Wege,
Es ist August. Kein Wolkenzug.
Kein grober Wind ist auf den Gängen rege,
Nur Distelsame wiegt ihm leicht genug.

Der Krieg der Welt ist hier verklungene Geschichte,
Ein Spiel der Schmetterlinge, weilt die Zeit.
Mozart hat komponiert, und Shakespeare schrieb Gedichte,
So sei zu hören sie bereit.

Ein Apfel fällt. Die Kühe rupfen.
Im Heckenausschnitt blaut das Meer.
Die Zither hör ich Don Giovanni zupfen,
Bassanio rudert Portia von Belmont her.

Auch die Empörten lassen sich erbitten,
Auch Timon von Athen und König Lear.
Vor dem Vergessen schützt sie, was sie litten.
Sie sprechen schon. Sie setzen sich zu dir.

Die Zeit steht still. Die Zirkelschnecke bändert
Ihr Haus. Kordelias leises Lachen hallt
Durch die Jahrhunderte. Es hat sich nicht geändert.
Jung bin mit ihr ich, mit dem König alt.

Joachim Ringelnatz

Die Ameisen

In Hamburg lebten zwei Ameisen,
Die wollten nach Australien reisen.
Bei Altona auf der Chaussee
Da taten ihnen die Beine weh,
Und da verzichteten sie weise
Denn auf den letzten Teil der Reise.

ERICH KÄSTNER

SACHLICHE ROMANZE

Als sie einander acht Jahre kannten
(und man darf sagen: sie kannten sich gut),
kam ihre Liebe plötzlich abhanden.
Wie andern Leuten ein Stock oder Hut.

Sie waren traurig, betrugen sich heiter,
versuchten Küsse, als ob nichts sei,
und sahen sich an und wußten nicht weiter.
Da weinte sie schließlich. Und er stand dabei.

Vom Fenster aus konnte man Schiffen winken.
Er sagte, es wäre schon Viertel nach Vier
und Zeit, irgendwo Kaffee zu trinken.
Nebenan übte ein Mensch Klavier.

Sie gingen ins kleinste Café am Ort
und rührten in ihren Tassen.
Am Abend saßen sie immer noch dort.
Sie saßen allein, und sie sprachen kein Wort
und konnten es einfach nicht fassen.

ANONYM

Du bist mîn, ich bin dîn,
des solt du gewis sîn.
du bist beslozzen
in mînem herzen,
verlorn ist daz sluzzelîn –
du muost ouch immer dar inne sîn.

HEINZ ERHARDT

DIE MADE

Hinter eines Baumes Rinde
wohnt die Made mit dem Kinde.

Sie ist Witwe, denn der Gatte,
den sie hatte, fiel vom Blatte.
Diente so auf diese Weise
einer Ameise als Speise.

Eines Morgens sprach die Made:
«Liebes Kind, ich sehe grade,
drüben gibt es frischen Kohl,
den ich hol. So leb denn wohl!
Halt, noch eins! Denk, was geschah,
geh nicht aus, denk an Papa!»

Also sprach sie und entwich. –
Made junior aber schlich
hinterdrein; und das war schlecht!
Denn schon kam ein bunter Specht
und verschlang die kleine fade
Made ohne Gnade. Schade!

Hinter eines Baumes Rinde
ruft die Made nach dem Kinde ...

JAKOB VAN HODDIS

WELTENDE

Dem Bürger fliegt vom spitzen Kopf der Hut,
In allen Lüften hallt es wie Geschrei.
Dachdecker stürzen ab und gehn entzwei
Und an den Küsten – liest man – steigt die Flut.

Der Sturm ist da, die wilden Meere hupfen
An Land, um dicke Dämme zu zerdrücken.
Die meisten Menschen haben einen Schnupfen.
Die Eisenbahnen fallen von den Brücken.

INA SEIDEL

TROST

Unsterblich duften die Linden –
Was bangst du nur?
Du wirst vergehn, und deiner Füße Spur
Wird bald kein Auge mehr im Staube finden.
Doch blau und leuchtend wird der Sommer stehn
Und wird mit seinem süßen Atemwehn
Gelind die arme Menschenbrust entbinden.
Wo kommst du her? Wie lang bist du noch hier?
Was liegt an dir?
Unsterblich duften die Linden –

GOTTFRIED BENN

NUR ZWEI DINGE

Durch so viel Formen geschritten,
durch Ich und Wir und Du,
doch alles blieb erlitten
durch die ewige Frage: wozu?

Das ist eine Kinderfrage.
Dir wurde erst spät bewußt,
es gibt nur eines: ertrage
– ob Sinn, ob Sucht, ob Sage –
dein fernbestimmtes: Du mußt.

Ob Rosen, ob Schnee, ob Meere,
was alles erblühte, verblich,
es gibt nur zwei Dinge: die Leere
und das gezeichnete Ich.

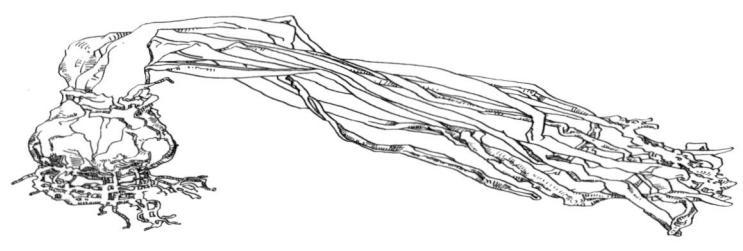

BERTOLT BRECHT

ERINNERUNG AN DIE MARIE A.

1

An jenem Tag im blauen Mond September
Still unter einem jungen Pflaumenbaum
Da hielt ich sie, die stille bleiche Liebe
In meinem Arm wie einen holden Traum.
Und über uns im schönen Sommerhimmel
War eine Wolke, die ich lange sah
Sie war sehr weiß und ungeheuer oben
Und als ich aufsah, war sie nimmer da.

2

Seit jenem Tag sind viele, viele Monde
Geschwommen still hinunter und vorbei.
Die Pflaumenbäume sind wohl abgehauen
Und fragst du mich, was mit der Liebe sei?
So sag ich dir: ich kann mich nicht erinnern
Und doch, gewiß, ich weiß schon, was du meinst.
Doch ihr Gesicht, das weiß ich wirklich nimmer
Ich weiß nur mehr: ich küßte es dereinst.

3

Und auch den Kuß, ich hätt ihn längst vergessen
Wenn nicht die Wolke dagewesen wär
Die weiß ich noch und werd ich immer wissen
Sie war sehr weiß und kam von oben her.

Die Pflaumenbäume blühn vielleicht noch immer
Und jene Frau hat jetzt vielleicht das siebte Kind
Doch jene Wolke blühte nur Minuten
Und als ich aufsah, schwand sie schon im Wind.

Hilde Domin

Nicht müde werden

Nicht müde werden
sondern dem Wunder
leise
wie einem Vogel
die Hand hinhalten.

ANNETTE VON DROSTE-HÜLSHOFF

DER KNABE IM MOOR

O schaurig ist's übers Moor zu gehn,
Wenn es wimmelt vom Heiderauche,
Sich wie Phantome die Dünste drehn
Und die Ranke häkelt am Strauche,
Unter jedem Tritte ein Quellchen springt,
Wenn aus der Spalte es zischt und singt,
O schaurig ist's übers Moor zu gehn,
Wenn das Röhricht knistert im Hauche!

Fest hält die Fibel das zitternde Kind
Und rennt als ob man es jage;
Hohl über die Fläche sauset der Wind –
Was raschelt drüben am Hage?
Das ist der gespenstige Gräberknecht,
Der dem Meister die besten Torfe verzecht;
Hu, hu, es bricht wie ein irres Rind!
Hinducket das Knäblein zage.

Vom Ufer starret Gestumpf hervor,
Unheimlich nicket die Föhre,
Der Knabe rennt, gespannt das Ohr,
Durch Riesenhalme wie Speere;
Und wie es rieselt und knittert darin!
Das ist die unselige Spinnerin,
Das ist die gebannte Spinnlenor',
Die den Haspel dreht im Geröhre!

Voran, voran, nur immer im Lauf,
Voran als woll' es ihn holen;
Vor seinem Fuße brodelt es auf,
Es pfeift ihm unter den Sohlen
Wie eine gespenstige Melodei;
Das ist der Geigemann ungetreu,
Das ist der diebische Fiedler Knauf,
Der den Hochzeitheller gestohlen!

Da birst das Moor, ein Seufzer geht
Hervor aus der klaffenden Höhle;
Weh, weh, da ruft die verdammte Margret:
«Ho, ho, meine arme Seele!»
Der Knabe springt wie ein wundes Reh,
Wär' nicht Schutzengel in seiner Näh',
Seine bleichenden Knöchelchen fände spät
Ein Gräber im Moorgeschwele.

Da mählich gründet der Boden sich,
Und drüben, neben der Weide,
Die Lampe flimmert so heimatlich,
Der Knabe steht an der Scheide.
Tief atmet er auf, zum Moor zurück
Noch immer wirft er den scheuen Blick:
Ja, im Geröhre war's fürchterlich,
O schaurig war's in der Heide!

JOSEPH VON EICHENDORFF

SEHNSUCHT

Es schienen so golden die Sterne,
Am Fenster ich einsam stand
Und hörte aus weiter Ferne
Ein Posthorn im stillen Land.
Das Herz mir im Leib entbrennte,
Da hab ich mir heimlich gedacht:
Ach, wer da mitreisen könnte
In der prächtigen Sommernacht!

Zwei junge Gesellen gingen
Vorüber am Bergeshang,
Ich hörte im Wandern sie singen
Die stille Gegend entlang:
Von schwindelnden Felsenschlüften,
Wo die Wälder rauschen so sacht,
Von Quellen, die von den Klüften
Sich stürzen in die Waldesnacht.

Sie sangen von Marmorbildern,
Von Gärten, die überm Gestein
In dämmernden Lauben verwildern,
Palästen im Mondenschein,
Wo die Mädchen am Fenster lauschen,
Wann der Lauten Klang erwacht
Und die Brunnen verschlafen rauschen
In der prächtigen Sommernacht. –

PAUL FLEMING

AN SICH

Sei dennoch unverzagt, gib dennoch unverloren,
Weich keinem Glücke nicht, steh höher als der Neid,
Vergnüge dich an dir und acht es für kein Leid,
Hat sich gleich wider dich Glück, Ort und Zeit verschworen.

Was dich betrübt und labt, halt alles für erkoren,
Nimm dein Verhängnis an, laß alles unbereut.
Tu, was getan muß sein, und eh man dir's gebeut.
Was du noch hoffen kannst, das wird noch stets geboren.

Was klagt, was lobt man doch? Sein Unglück und sein Glücke
Ist ihm ein jeder selbst. Schau alle Sachen an:
Dies alles ist in dir. Laß deinen eitlen Wahn,

Und eh du förder gehst, so geh in dich zurücke.
Wer sein selbst Meister ist und sich beherrschen kann,
Dem ist die weite Welt und alles untertan.

Johann Wolfgang Goethe

Gefunden

Ich ging im Walde
So für mich hin,
Und nichts zu suchen,
Das war mein Sinn.

Im Schatten sah ich
Ein Blümchen stehn,
Wie Sterne leuchtend,
Wie Äuglein schön.

Ich wollt es brechen
Da sagt' es fein:
Soll ich zum Welken
Gebrochen sein?

Ich grub's mit allen
Den Würzlein aus:
Zum Garten trug ich's
Am hübschen Haus.

Und pflanzt' es wieder
Am stillen Ort;
Nun zweigt es immer
Und blüht so fort.

Johann Wolfgang Goethe

Mailied

Wie herrlich leuchtet
Mir die Natur!
Wie glänzt die Sonne!
Wie lacht die Flur!

Es dringen Blüten
Aus jedem Zweig
Und tausend Stimmen
Aus dem Gesträuch

Und Freud und Wonne
Aus jeder Brust.
O Erd', o Sonne,
O Glück, o Lust,

O Lieb', o Liebe,
So golden schön
Wie Morgenwolken
Auf jenen Höhn,

Du segnest herrlich
Das frische Feld,
Im Blütendampfe
Die volle Welt!

O Mädchen, Mädchen,
Wie lieb' ich dich!
Wie blinkt dein Auge,
Wie liebst du mich!

So liebt die Lerche
Gesang und Luft,
Und Morgenblumen
Den Himmelsduft,

Wie ich dich liebe
Mit warmen Blut,
Die du mir Jugend
Und Freud' und Mut

Zu neuen Liedern
Und Tänzen gibst.
Sei ewig glücklich,
Wie du mich liebst.

Hugo von Hofmannsthal

Vorfrühling

Es läuft der Frühlingswind
Durch kahle Alleen,
Seltsame Dinge sind
In seinem Wehn.

Er hat sich gewiegt,
Wo Weinen war,
Und hat sich geschmiegt
In zerrüttetes Haar.

Er schüttelte nieder
Akazienblüten
Und kühlte die Glieder,
Die atmend glühten.

Lippen im Lachen
Hat er berührt,
Die weichen und wachen
Fluren durchspürt.

Er glitt durch die Flöte
Als schluchzender Schrei,
An dämmernder Röte
Flog er vorbei.

Er flog mit Schweigen
Durch flüsternde Zimmer
Und löschte im Neigen
Der Ampel Schimmer.

Es läuft der Frühlingswind
Durch kahle Alleen,
Seltsame Dinge sind
In seinem Wehn.

Durch die glatten
Kahlen Alleen
Treibt sein Wehn
Blasse Schatten.

Und den Duft,
Den er gebracht,
Von wo er gekommen
Seit gestern Nacht.

Hugo von Hofmannsthal

Die Beiden

Sie trug den Becher in der Hand
– Ihr Kinn und Mund glich seinem Rand –,
So leicht und sicher war ihr Gang,
Kein Tropfen aus dem Becher sprang.

So leicht und fest war seine Hand:
Er ritt auf einem jungen Pferde,
Und mit nachlässiger Gebärde
Erzwang er, daß es zitternd stand.

Jedoch, wenn er aus ihrer Hand
Den leichten Becher nehmen sollte,
So war es beiden allzuschwer:

Denn beide bebten sie so sehr,
Daß keine Hand die andre fand
Und dunkler Wein am Boden rollte.

EDUARD MÖRIKE

IM FRÜHLING

Hier lieg ich auf dem Frühlingshügel:
Die Wolke wird mein Flügel,
Ein Vogel fliegt mir voraus.
Ach, sag mir, all-einzige Liebe,
Wo du bleibst, daß ich bei dir bliebe!
Doch du und die Lüfte, ihr habt kein Haus.

Der Sonnenblume gleich steht mein Gemüte offen,
Sehnend,
Sich dehnend
In Lieben und Hoffen.
Frühling, was bist du gewillt?
Wann werd ich gestillt?

Die Wolke seh ich wandeln und den Fluß,
Es dringt der Sonne goldner Kuß
Mir tief bis ins Geblüt hinein;
Die Augen, wunderbar berauschet,
Tun, als schliefen sie ein,
Nur noch das Ohr dem Ton der Biene lauschet.

Ich denke dies und denke das,
Ich sehne mich, und weiß nicht recht, nach was:
Halb ist es Lust, halb ist es Klage;
Mein Herz, o sage,
Was webst du für Erinnerung
In golden grüner Zweige Dämmerung?
– Alte unnennbare Tage!

INGEBORG BACHMANN

DIE GESTUNDETE ZEIT

Es kommen härtere Tage.
Die auf Widerruf gestundete Zeit
wird sichtbar am Horizont.
Bald mußt du den Schuh schnüren
und die Hunde zurückjagen in die Marschhöfe.
Denn die Eingeweide der Fische
sind kalt geworden im Wind.
Ärmlich brennt das Licht der Lupinen.
Dein Blick spurt im Nebel:
die auf Widerruf gestundete Zeit
wird sichtbar am Horizont.

Drüben versinkt dir die Geliebte im Sand,
er steigt um ihr wehendes Haar,
er fällt ihr ins Wort,
er befiehlt ihr zu schweigen,
er findet sie sterblich
und willig dem Abschied
nach jeder Umarmung.

Sieh dich nicht um.
Schnür deinen Schuh.
Jag die Hunde zurück.
Wirf die Fische ins Meer.
Lösch die Lupinen!
Es kommen härtere Tage.

BERTOLT BRECHT

AN DIE NACHGEBORENEN

I

Wirklich, ich lebe in finsteren Zeiten!
Das arglose Wort ist töricht. Eine glatte Stirn
Deutet auf Unempfindlichkeit hin. Der Lachende
Hat die furchtbare Nachricht
Nur noch nicht empfangen.

Was sind das für Zeiten, wo
Ein Gespräch über Bäume fast ein Verbrechen ist
Weil es ein Schweigen über soviele Untaten einschließt!
Der dort ruhig über die Straße geht
Ist wohl nicht mehr erreichbar für seine Freunde
Die in Not sind?

Es ist wahr: ich verdiene noch meinen Unterhalt
Aber glaubt mir: das ist nur ein Zufall. Nichts
Von dem, was ich tue, berechtigt mich dazu, mich sattzuessen.
Zufällig bin ich verschont. (Wenn mein Glück aussetzt, bin ich verloren.)

Man sagt mir: Iß und trink du! Sei froh, daß du hast!
Aber wie kann ich essen und trinken, wenn
Ich dem Hungernden entreiße, was ich esse, und
Mein Glas Wasser einem Verdurstenden fehlt?
Und doch esse und trinke ich.

Ich wäre gerne auch weise.
In den alten Büchern steht, was weise ist:

Sich aus dem Streit der Welt halten und die kurze Zeit
Ohne Furcht verbringen
Auch ohne Gewalt auskommen
Böses mit Gutem vergelten
Seine Wünsche nicht erfüllen, sondern vergessen
Gilt für weise.
Alles das kann ich nicht:
Wirklich, ich lebe in finsteren Zeiten!

II

In die Städte kam ich zur Zeit der Unordnung
Als da Hunger herrschte.
Unter die Menschen kam ich zu der Zeit des Aufruhrs
Und ich empörte mich mit ihnen.
So verging meine Zeit
Die auf Erden mir gegeben war.

Mein Essen aß ich zwischen den Schlachten
Schlafen legte ich mich unter die Mörder
Der Liebe pflegte ich achtlos
Und die Natur sah ich ohne Geduld.
So verging meine Zeit
Die auf Erden mir gegeben war.

Die Straßen führten in den Sumpf zu meiner Zeit.
Die Sprache verriet mich dem Schlächter.
Ich vermochte nur wenig. Aber die Herrschenden
Saßen ohne mich sicherer, das hoffte ich.
So verging meine Zeit
Die auf Erden mir gegeben war.

Die Kräfte waren gering. Das Ziel
Lag in großer Ferne
Es war deutlich sichtbar, wenn auch für mich
Kaum zu erreichen.
So verging meine Zeit
Die auf Erden mir gegeben war.

III

Ihr, die ihr auftauchen werdet aus der Flut
In der wir untergegangen sind
Gedenkt
Wenn ihr von unseren Schwächen sprecht
Auch der finsteren Zeit
Der ihr entronnen seid.

Gingen wir doch, öfter als die Schuhe die Länder wechselnd
Durch die Kriege der Klassen, verzweifelt
Wenn da nur Unrecht war und keine Empörung.

Dabei wissen wir doch:
Auch der Haß gegen die Niedrigkeit
Verzerrt die Züge.
Auch der Zorn über das Unrecht
Macht die Stimme heiser. Ach, wir
Die wir den Boden bereiten wollten für Freundlichkeit
Konnten selber nicht freundlich sein.

Ihr aber, wenn es so weit sein wird
Daß der Mensch dem Menschen ein Helfer ist
Gedenkt unsrer
Mit Nachsicht.

WILHELM BUSCH

SELBSTKRITIK

Die Selbstkritik hat viel für sich.
Gesetzt den Fall, ich tadle mich;
so hab' ich erstens den Gewinn,
daß ich so hübsch bescheiden bin;
zum zweiten denken sich die Leut,
der Mann ist lauter Redlichkeit;
auch schnapp' ich drittens diesen Bissen
vorweg den andern Kritiküssen;
und viertens hoff' ich außerdem
auf Widerspruch, der mir genehm.
So kommt es dann zuletzt heraus,
daß ich ein ganz famoses Haus.

Annette von Droste-Hülshoff

Am Turme

Ich steh auf hohem Balkone am Turm,
Umstrichen vom schreienden Stare,
Und laß gleich einer Mänade den Sturm
Mir wühlen im flatternden Haare;
O wilder Geselle, o toller Fant,
Ich möchte dich kräftig umschlingen,
Und, Sehne an Sehne, zwei Schritte vom Rand
Auf Tod und Leben dann ringen!

Und drunten seh ich am Strand, so frisch
Wie spielende Doggen, die Wellen
Sich tummeln rings mit Geklaff und Gezisch,
Und glänzende Flocken schnellen.
O, springen möcht' ich hinein alsbald,
Recht in die tobende Meute,
Und jagen durch den korallenen Wald
Das Walroß, die lustige Beute!

Und drüben seh ich ein Wimpel wehn
So keck wie eine Standarte,
Seh auf und nieder den Kiel sich drehn
Von meiner luftigen Warte;
O, sitzen möcht' ich im kämpfenden Schiff,
Das Steuerruder ergreifen,
Und zischend über das brandende Riff
Wie eine Seemöwe streifen.

Wär' ich ein Jäger auf freier Flur,
Ein Stück nur von einem Soldaten,
Wär' ich ein Mann doch mindestens nur,
So würde der Himmel mir raten;
Nun muß ich sitzen so fein und klar,
Gleich einem artigen Kinde,
Und darf nur heimlich lösen mein Haar,
Und lassen es flattern im Winde!

Marie von Ebner-Eschenbach

Ein kleines Lied

Ein kleines Lied! Wie geht's nur an,
Daß man so lieb es haben kann,
Was liegt darin? erzähle!

Es liegt darin ein wenig Klang,
Ein wenig Wohllaut und Gesang
Und eine ganze Seele.

DIE LIEBLINGSGEDICHTE ZUM HÖREN

CD 1

1. Poem 1 – 2. Hesse, Stufen (Mühe) – 3. Eichendorff, Mondnacht (Mann) – 4. Rilke, Herbsttag (Sander) – 5. Rilke, Der Panther (Tukur) – 6. Poem 2 – 7. Fontane, Herr von Ribbeck (Sander) – 8. Fried, Was es ist (Thalbach) – 9. Schiller, Die Bürgschaft (Mühe) – 10. Mörike, Er ist's (Thalbach) – 11. Meyer, Der römische Brunnen (Beikircher) – 12. Poem 3 – 13. Goethe, Der Zauberlehrling (Tukur) – 14. Hölderlin, Hälfte des Lebens (Mühe) – 15. Rilke, Herbst (Sander) – 16. Claudius, Abendlied (Thalbach) – 17. Goethe, An den Mond (Mühe) – 18. Goethe, Erlkönig (Sander) – 19. Celan, Todesfuge (Mann) – 20. Poem 4 – 21. Eichendorff, Wünschelrute (Beikircher) – 22. Kästner, Der Mai (Mann) – 23. Goethe, Wandrers Nachtlied II (Sander) – 24. Mörike, Um Mitternacht (Beikircher) – 25. Goethe, Prometheus (Mühe) – 26. Hebbel, Herbstbild (Beikircher) – 27. Ernst, Nis Randers (Tukur) – 28. Poem 5 – 29. Fontane, John Maynard (Sander) – 30. Uhland, Frühlingsglaube (Beikircher) – 31. Storm, Abseits (Tukur) – 32. Rilke, Ich lebe mein Leben (Mühe) – 33. Kästner, Sachliche Romanze (Mann) – 34. Erhardt, Die Made (Heinz Erhardt) – 35. Ringelnatz, Die Ameisen (Sander) – 36. Poem 6 – 37. Hoddis, Weltende (Mann) – 38. Seidel, Trost (Thalbach) – 39. Benn, Nur zwei Dinge (Mann) – 40. Droste-Hülshoff, Der Knabe im Moor (Tukur) – 41. Domin, Nicht müde werden (Thalbach) – 42. Brecht, Erinnerung an die Marie A. (Johanna Schall, am Klavier: Karl-Heinz Nehring) – 43. Busch, Selbstkritik (Tukur) – 44. Heine, Ein Fräulein stand am Meere (Mann) – 45. Bachmann, Die gestundete Zeit (Thalbach) – 46. Morgenstern, Das ästhetische Wiesel (Mann) – 47. Lasker-Schüler, Mein blaues Klavier (Thalbach) – 48. Tucholsky, Ideal und Wirklichkeit (Mann) – 49. Ausländer, Nicht fertig werden (Thalbach) – 50. Roth, Ein Mensch (Tukur) – 51. Poem 7 – *Wunschgedichte der Interpreten*: 52. Goethe an Frau von Stein (Mann) – 53. Trakl, Verklärter Herbst (Mühe) – 54. Ringelnatz, Seemannstreue (Tukur) – 55. Eichendorff, Trinken und Singen (Sander)

Interpreten: KONRAD BEIKIRCHER, DIETER MANN, ULRICH MÜHE, OTTO SANDER, KATHARINA THALBACH, ULRICH TUKUR
Komposition und Gitarre (Poems 1–7): VOLKER NIEHUSMANN
Regie: KARIN LORENZ

Anmerkung: Aus regietechnischen Gründen wurde in einzelnen Fällen die Reihenfolge der Gedichte gegenüber der Hitliste in Buchform geringfügig verändert. Ab Track 43 wurden außerdem abweichend von der Rangfolge Gedichte der beliebtesten Dichterinnen und Dichter aufgenommen, die sich an späterer Stelle unter den Top 100 befinden.

CONRAD FERDINAND MEYER (1825–1898): Der römische Brunnen 23. Aus: Sämtliche Werke, Bd. II, München: Winkler 1996.
EDUARD MÖRIKE (1804–1875): Er ist's 22; Gebet 108; Im Frühling 95; Septembermorgen 129; Um Mitternacht 41. Aus: Sämtliche Werke, Bd. I, München: Winkler 1997.
CHRISTIAN MORGENSTERN (1871–1914): Das ästhetische Wiesel 125; Der Lattenzaun 146. Aus: Alle Galgenlieder, Berlin: Bruno Cassirer 1932.
BÖRRIES VON MÜNCHHAUSEN (1874–1945): Lederhosen-Saga 147. Aus: Balladenbuch, © 1924, 1950 Deutsche Verlags-Anstalt GmbH, Stuttgart.
AUGUST VON PLATEN (1796–1835): Das Grab im Busento 109. Aus: Werke, Bd. I, München: Winkler 1982.
RAINER MARIA RILKE (1875–1926): Advent 150; Blaue Hortensie 126; Der Panther 14; Herbst 29; Herbsttag 11; Ich lebe mein Leben in wachsenden Ringen 73; Liebes-Lied 110. Aus: Sämtliche Werke, Bd. I, Frankfurt a. M.: Insel 1955.
JOACHIM RINGELNATZ (1883–1934): Arm Kräutchen 151; Die Ameisen 75; Ich habe dich so lieb 111; Im Park 127; Überall ist Wunderland 165. Aus: Das Gesamtwerk in sieben Bänden, Bd. I/II, © 1994 Diogenes Verlag AG, Zürich.
EUGEN ROTH (1895–1976): Ein Mensch 152. Aus: Ein Mensch, München: Hanser 1998, © Dr. Thomas Roth, München.
FRIEDRICH SCHILLER (1759–1805): Das Lied von der Glocke 46; Die Bürgschaft 15. Aus: Sämtliche Werke, Bd. III, München: Winkler 1996.
GUSTAV SCHWAB (1792–1850): Das Gewitter 153. Aus: Ferdinand Avenarius: Balladenbuch, Stuttgart: Steingrüben 1951.
KURT SCHWITTERS (1887–1948): An Anna Blume 155. Aus: Das gesamte literarische Werk, © 1973 DUMONT Buchverlag, Köln.
INA SEIDEL (1885–1974): Trost 80. Aus: Gedichte, © 1955 Deutsche Verlags-Anstalt GmbH, Stuttgart.
THEODOR STORM (1817–1888): Abseits 71. Aus: Gesammelte Werke, Bd. II, Düsseldorf/Zürich: Artemis & Winkler 2000.
GEORG TRAKL (1887–1914): Verklärter Herbst 157. Aus: Dichtungen und Briefe, Bd. I, Salzburg: Otto Müller 1969.
KURT TUCHOLSKY (1890–1935): Augen in der Groß-Stadt 106; Ideal und Wirklichkeit 158. Aus: Gesammelte Werke, © 1960 Rowohlt Verlag GmbH, Reinbek.
LUDWIG UHLAND (1787–1862): Des Sängers Fluch 112; Frühlingsglaube 68. Aus: Werke, Bd. I, München: Winkler 1980.
WALTHER VON DER VOGELWEIDE (um 1170–um 1230): Ich saz ûf eime steine 160. Aus: Gedichte, Frankfurt a. M.: Fischer Taschenbuch Verlag 1998.

OTTO ERNST (1862–1926): Nis Randers 62. Aus: Das Buch der Gedichte, Gütersloh: Bertelsmann 1963.
PAUL FLEMING (1609–1640): An sich 88. Nach: Deutsche Gedichte, Stuttgart: Bibliothek des Literarischen Vereins in Stuttgart 1865 (Nachdruck 1965).
THEODOR FONTANE (1819–1898): Die Brück am Tay 161; Herr von Ribbeck auf Ribbeck im Havelland 12; John Maynard 64. Aus: Werke, Bd. III, München: Nymphenburger 1968.
ERICH FRIED (1921–1988): Was es ist 21. Aus: Gesammelte Werke, Gedichte 3, © 1983 Verlag Klaus Wagenbach, Berlin, NA 1994.
JOHANN WOLFGANG GOETHE (1749–1832): An den Mond 32; Der Zauberlehrling 24; Erlkönig 34; Gefunden 89; Gesang der Geister über den Wassern 69; Mailied 90; Mignon* 136; Prometheus 42; Wandrers Nachtlied I 137; Wandrers Nachtlied II 40; Willkommen und Abschied 120. Aus: Werke, HA, Bd. I/*VII, München: Beck 1996/1994.
ANDREAS GRYPHIUS (1616–1664): Betrachtung der Zeit 105. Nach: Lyrische Gedichte, Tübingen: Bibliothek des literarischen Vereins in Stuttgart 1884 (Nachdruck 1961).
FRIEDRICH HEBBEL (1813–1863): Herbstbild 45; Sommerbild 122. Aus: Werke, Bd. III, München: Hanser 1965.
HEINRICH HEINE (1797–1856): Das Fräulein stand am Meere 139; Ein Jüngling liebt ein Mädchen 138; Im wunderschönen Monat Mai 140; Leise zieht durch mein Gemüt 141. Aus: Sämtliche Werke, Bd. I, München: Winkler 1997.
JOHANN GOTTFRIED HERDER (1744–1803): Ein Traum 123. Aus: Das Buch der Gedichte, Gütersloh: Bertelsmann 1963.
HERMANN HESSE (1877–1962): Beim Schlafengehen 142; Im Nebel 67; Stufen 9. Aus: Die Gedichte, © 1977 Suhrkamp Verlag, Frankfurt a. M.
JAKOB VAN HODDIS (1887–1942): Weltende 79. Aus: Dichtungen und Briefe, Zürich: Arche 1987, © Erbengemeinschaft Jakob van Hoddis.
FRIEDRICH HÖLDERLIN (1770–1843): Hälfte des Lebens 28. Aus: Werke, Briefe, Dokumente, München: Winkler 1990.
HUGO VON HOFMANNSTHAL (1874–1929): Die Beiden 94; Vorfrühling 92. Aus: Gesammelte Werke in zehn Einzelbänden: Gedichte, Dramen I, 1891–1898, Frankfurt a. M.: Fischer Taschenbuch Verlag 1979.
ERICH KÄSTNER (1899–1974): Der Mai 39; Sachliche Romanze 76. Aus: Die dreizehn Monate (1955) und Lärm im Spiegel (1985), © Atrium Verlag, Zürich, und Thomas Kästner.
MASCHA KALÉKO (1907–1975): Sozusagen grundlos vergnügt 143. Aus: In meinen Träumen läutet es Sturm, © 1977 Deutscher Taschenbuch Verlag, München.
ELSE LASKER-SCHÜLER (1869–1945): Ein alter Tibetteppich 124; Mein blaues Klavier 145. Aus: Gesammelte Werke, Bd. I: Gedichte, © 1996 Suhrkamp Verlag, Frankfurt a. M.
WILHELM LEHMANN (1882–1968): Atemholen 74. Aus: Gesammelte Werke in 8 Bden, Bd. I: Sämtliche Gedichte, hg. v. Hans Dieter Schäfer, © 1982 Klett-Cotta Verlag, Stuttgart.

QUELLENVERZEICHNIS

ANONYM: Du bist mîn, ich bin dîn (1) 77; Dunkel war's, der Mond schien helle (2) 130. Aus: Deutsche Lyrik des frühen und hohen Mittelalters, Frankfurt a. M.: Deutscher Klassiker Verlag 1995 (1). – Edmund Jacoby: Dunkel war's, der Mond schien helle, Hildesheim: Gerstenberg 1999 (2).
ROSE AUSLÄNDER (1907–1988): Nicht fertig werden 164. Aus: Wieder ein Tag aus Glut und Wind. Gedichte 1980–1982, © 1986 S. Fischer Verlag GmbH, Frankfurt a. M.
INGEBORG BACHMANN (1926–1973): Die gestundete Zeit 97. Aus: Gesammelte Werke, Bd. I: Gedichte, © 1978 Piper Verlag GmbH, München.
GOTTFRIED BENN (1886–1956): Astern (1) 128; Nur zwei Dinge (2) 81; Reisen (3) 132. Aus: Statische Gedichte, © 1948, 1983, 2000 Arche Verlag AG, Zürich/Hamburg (1). – Sämtliche Gedichte, © 1998 Klett-Cotta Verlag, Stuttgart (2, 3).
DIETRICH BONHOEFFER (1906–1945): Von guten Mächten wunderbar geborgen 115. Aus: Widerstand und Ergebung, © 1997 Christian Kaiser/Gütersloher Verlagshaus, Gütersloh.
BERTOLT BRECHT (1898–1956): An die Nachgeborenen 98; Die Liebenden 133; Erinnerung an die Marie A. 82. Aus: Werke. GBFA. Bd. 11–15: Gedichte, © Suhrkamp Verlag, Frankfurt a. M.
WILHELM BUSCH (1832–1908): Ein dicker Sack 117; Selbstkritik 101. Aus: Gesamtausgabe, Wiesbaden: Vollmer o. J.
HANS CAROSSA (1878–1956): Der alte Brunnen 72. Aus: Sämtliche Werke in 2 Bden, Bd. I, © 1962 Insel Verlag, Frankfurt a. M.
PAUL CELAN (1920–1970): Todesfuge 36. Aus: Mohn und Gedächtnis, © 1952 Deutsche Verlags-Anstalt GmbH, Stuttgart.
ADELBERT VON CHAMISSO (1781–1838): Das Riesen-Spielzeug 118. Aus: Sämtliche Werke, Bd. I, München: Winkler 1975.
MATTHIAS CLAUDIUS (1740–1815): Abendlied 30; Die Sternseherin Lise 134. Aus: Sämtliche Werke, Düsseldorf/Zürich: Artemis & Winkler 1996.
HILDE DOMIN (1909): Nicht müde werden 84; Nur eine Rose als Stütze 135. Aus: Gesammelte Gedichte, © 1987 S. Fischer Verlag GmbH, Frankfurt a. M.
ANNETTE VON DROSTE-HÜLSHOFF (1797–1848): Am Turme 102; Der Knabe im Moor 85. Aus: Sämtliche Werke, Bd. I, München: Winkler 1996.
MARIE VON EBNER-ESCHENBACH (1830–1916): Ein kleines Lied 104. Aus: Zeit und Ewigkeit. Tausend Jahre österreichische Lyrik, Düsseldorf: Claassen 1978.
JOSEPH VON EICHENDORFF (1788–1857); Mondnacht 10; Sehnsucht 87; Wünschelrute 38. Aus: Werke, Bd. I, München: Winkler 1996.
HEINZ ERHARDT (1909–1979): Die Made 78. Aus: Das große Heinz Erhardt Buch, © Fackelträger Verlag, Oldenburg.

kannte Texte zutage fördern und damit den Kanon ergänzen, erfüllte sich nicht, im Gegenteil: Wieder hat sich die Rezeptionstradition durchgesetzt und den materialen Bestand der Lesebücher und Anthologien bestätigt – er führt ein offensichtlich zähes Eigenleben.

Zur Reihenfolge der beliebtesten Gedichte ist anzumerken, daß bei nicht wenigen Autoren sich mehrere Gedichte gegenseitig Konkurrenz machten – was vor allem bei den Gegenwartsautoren dazu führte, daß sie mit keinem Text auf einen Listenplatz kamen. Bei Klassikern wie Goethe und Rilke reichten die zahlreichen Nennungen für mehrere Spitzenreiter aus. Rilkes «Der Panther» gehört zweifellos zum ‹Ewigen Vorrat› deutscher Poesie. Eine Frau aus Bonn schreibt: «Der Dichter ist mir unbekannt!», gleichwohl aber weiß sie Rilkes Gedicht auswendig herzusagen, mit zwei, drei kleineren Abweichungen gegenüber dem Original. Da kann man wirklich sagen, daß dieses Gedicht innerer Besitz der Leserin geworden ist, wer immer den Text geschrieben hat. Worte prägen, Gedichte stiften Kontinuität, besonders wenn man sie auswendig kann. Sie sind für den Einsender auch dann noch wahr, wenn ihnen keine Realität mehr entspricht. «Genieße froh was dir beschieden, / Entbehre gern, was du nicht hast. / Ein jeder Stand hat seinen Frieden. / Ein jeder Stand hat seine Last.» Vor siebzig Jahren gab es zur Belohnung für den Vortrag dieser Verse ein großes Stück Kuchen – Gedichte sprechen von Dauer, die Zeiten ändern sich, die Klassiker bleiben auf ihren Sockeln.

Kein Wunder also, wenn es neue Lyrik schwer hat, wenn selbst bedeutende Namen wie Peter Rühmkorf, Friederike Mayröcker oder Paul Wühr außen vor bleiben. Hier zeigt sich, wie unbeweglich der eingeschliffene Kanon gegenüber Neuerungen tatsächlich ist – was Vor- und Nachteile hat. Der Vorteil: Kurzfristige Moden treten nicht in Erscheinung. Der Nachteil: Der Blick wird verstellt auf das, was sich als Neues im literarischen Raum längst etabliert hat.

Lutz Hagestedt

Sound so manchen Gedichts zur Nachahmung geradezu herausfordert: Es gilt nicht nur, das ‹Zauberwort› zu treffen, sondern auch Rhythmus, Klang, Melodie und Ton ins Heute zu transponieren. Hohe Dichtung hat dann gar nichts Ehrfurchtgebietendes mehr.

Nicht wenige begründen in einem Begleitschreiben die Wahl ihres Gedichts. Die Standards einer ‹qualifizierten Begründung› freilich werden von der Wissenschaft und vom Feuilleton gesetzt, die beide traditionellerweise am wirkungsmächtigsten die Kanonisierung von Literatur betreiben oder verhindern. Kaum einer dieser Lyrikleser aber sucht Anschluß an deren Argumentationen – die intuitive Qualitätsbehauptung soll die Wahl begründen, die persönliche Begegnung mit dem Gedicht ihr Autorität verleihen. Und dennoch bewegt sich der Liebhaber auf gesichertem Terrain, weil sich seine subjektive Wahl auf Texte bezieht, die immer schon kanonisiert sind. Keines der hier vertretenen Gedichte bildet davon eine Ausnahme, jedes hat eine breite Rezeptionsgeschichte, selbst wenn es nur als Ausriß aus der Zeitung oder als Kalenderblatt eingereicht wird.

Manche Einsendung dokumentiert ein «aktuelles Lieblingsgedicht», wie Helen W. aus Essen schreibt: «Früher hätte ich vielleicht Ringelnatz oder Morgenstern genannt», jetzt nominiert sie Theodor Storms «Die Stadt». Das liebste Gedicht kann für jeden Tag ein anderes, ein anderes für jedes Lebensalter sein. Manche Leser haben ihr definitives Gedicht bereits in frühen Jahren gefunden, in der Schulzeit etwa, als der Lehrer «John Maynard» so eindrucksvoll vortrug, daß sie es gemeinsam auswendig lernten. Daher sind Kanones so wichtig: sie stiften Kommunikation und Identität. Die Auswahl macht im übrigen deutlich, was viele von Dichtung erwarten, nämlich Bestätigung, Trost und Lebenshilfe. Hesses Gedicht «Stufen» etwa, der Spitzenreiter in der Gunst der Einsender, taugt als Wegbegleiter in allen Lebenslagen.

Ein Gedicht kann so zur Lebensregel, zum Wahrspruch werden. Andere verstehen Dichtung als Passepartout für besondere Lebenssituationen: Der gereimte Zweizeiler macht das Liebesbekenntnis leichter. Wer aber die Liebe nicht erfährt, der hat auch kein Gedicht – auf diese einfache Formel lassen sich eine Reihe von Einsendungen bringen, die Prosa nachfragen, etwa aus dem «Kleinen Prinzen» von Antoine de Saint-Exupéry.

Die überwiegende Zahl der Hörerwünsche bezieht sich jedoch auf jene emphatische Form des Gedichts, die spätestens seit der Geniezeit in deutschen Landen kultiviert wird. Die Hoffnung hingegen, die Briefe und Postkarten würden unbe-

missionarischen Eifer, ohne organisierte Verbreitung des Gedichtwunsches. Anläßlich dieser Umfrage hat sich spontan ein Loriot-Fanclub konstituiert und den Sender mit dem Wunsch nach Vicco von Bülows berühmtem «Advent»-Gedicht bombardiert; es ist mit Abstand das meistgenannte komische Gedicht eines zeitgenössischen Autors. Leider waren die Rechte dafür nicht zu bekommen, so daß es in dieser Anthologie fehlt. Komik-Klassiker wie Wilhelm Busch und Christian Morgenstern, Joachim Ringelnatz und Eugen Roth, Kurt Tucholsky, Erich Kästner und Heinz Erhardt hingegen belegen die fortdauernde Beliebtheit des von der Literaturwissenschaft lange unterschätzten Genres komischer Dichtung. Der zeitgenössische Klassiker Robert Gernhardt hingegen wurde nicht auf einen Listenplatz gewählt.

Nicht nur Bücher, auch Verse haben ihre Schicksale – und können von unschätzbarer Bedeutung für das Fortleben eines Gedichts sein: «Wer jetzt kein Haus hat, baut sich keines mehr» oder «Was sind das für Zeiten, wo / Ein Gespräch über Bäume fast ein Verbrechen ist». Solche Zeilen entwickeln ein Eigenleben und können Stellvertreter für ein größeres Ganzes sein, so wie «Der Tod ist ein Meister aus Deutschland» nicht nur für die «Todesfuge», für Paul Celan und sein Œuvre steht, sondern auch metonymisch für die Lyrik nach Auschwitz und für die belastete deutsche Vergangenheit. Als Geflügelte Worte begegnen sie uns in Leitartikeln oder sind Spielmaterial für Buchtitel und Zeitungsüberschriften. Oft genügen minimale Änderungen, um dem Vers eine neue Bedeutung zu verleihen und ihn ins Heute zu ‹übersetzen›. Rilkes Vers wird von F. W. Bernstein schlüssig variiert und umschreibt den wachsenden Wohlstand der Neuen Bundesrepublik: «Wer jetzt ein Haus hat, baut sich eines mehr.» Solche Komik aber, durch produktiven Umgang mit Dichtung erzeugt, bringt Lustgewinn durch Lachen. Einige der bekanntesten Gedichte dieser Anthologie verdanken ihre Unsterblichkeit nicht zuletzt der Volkspoesie, die nicht müde wird, sich an den Großen abzuarbeiten: «Die Glocke / Loch in Erde / Bronze rin / Glocke raus / BIM BIM BIM». Parodien von Schillers «Glocke», wie dieser Beitrag einer Hörerin für unsere schnellebige Zeit, existieren in zig Varianten, genauso wie zu Goethes «Wandrers Nachtlied» («Über allen Gipfeln ist Ruh») und seinen «Erlkönig», der von einem Hörer in einer «motorisierten Fassung» eingereicht wird; andere versuchen sich an Shakespeares Sonetten, würdigen Otto Graf Lambsdorff im Balladenton oder richten eine Ode an Marcel Reich-Ranicki. Diese Versuche belegen, wie strapazierbar die alten Formen sind, und sie zeigen, daß der unvergleichliche

Dies muß nicht bedeuten, daß den Einsendern die neueste Lyrik nicht bekannt wäre. Ihre mit Verlaub ‹konservative› Auswahl bestätigt nur einen Trend, der sich auch für die Literaturwissenschaft belegen läßt: den Trend nämlich, daß nach der Öffnung in den 60er Jahren und nach der Erweiterung des materialen Kanons durch Hereinnahme neuer, experimenteller Schreibweisen und Textsorten und die Formulierung außer-ästhetischer Kriterien (Stichworte Literatur der Arbeitswelt, Dokumentarliteratur, Verständigungstexte) wieder eine Rückbesinnung auf den traditionellen Kernbereich der schönen Literatur erfolgte. Dieser Kernbereich, der bestenfalls an seinen Rändern geringfügig erweitert wurde, widersteht bis heute dem Diffusionsdruck neuer Poesie mit bemerkenswerter Festigkeit – eine Bestätigung für alle jene, die der Gegenwartslyrik eine spezifische Strukturschwäche attestieren. Damit ist die These gemeint, daß die heute geschriebene Poesie deutscher Zunge überwiegend amorph und beliebig sei und mit den Klassikern der Moderne nicht konkurrieren könne.

Wie stellt sich die Frage nach den Lieblingsgedichten der Deutschen zehn Jahre nach der Wiedervereinigung dar? Die Gedichtauswahl läßt keinen nationalen Subtext, keine patriotische Mission erkennen. Was in den Einsendungen zur Sprache kommt, sind überwiegend persönliche Motive, und auch das «Lied der Deutschen», 1841 von August Heinrich Hoffmann von Fallersleben verfaßt, fehlt in dieser Blütenlese. Daß die Ergebnisse der Umfrage repräsentativ sind nur für die Hörer und Leser des Sendegebiets, zeigen die Absender: Hörer aus den neuen Bundesländern haben sich kaum beteiligt. Was hätte wohl eine solche Umfrage damals im Leseland DDR erbracht? Die hier genannten Klassiker des anderen Deutschland geben keine spezifische Antwort auf die Frage nach der deutschen Kulturnation. Brechts Kanonisierung erfolgte – in beiden deutschen Staaten – bereits ab den 50er Jahren, spätestens Ende der 60er Jahre ist er auch in der Bundesrepublik angekommen und gilt allgemein als ‹moderner Klassiker›. Stimmen wie Sarah Kirsch, Reiner Kunze, Günter Kunert leben seit Ende der 70er Jahre im Westen und haben vor allem hier ihre Verlage und ihre Primärrezipienten. Es ist daher kaum interpretierbar, wenn sie vereinzelt nominiert werden. Jedenfalls deutet nichts auf die Integration von Lyrik ostdeutscher Provenienz in einen westdeutschen Kanon hin. Weder Heinz Kahlau noch Peter Huchel noch Büchnerpreisträger Volker Braun und Starlyriker Durs Grünbein haben es auf einen der hundert Listenplätze geschafft.

Eine Hitparade kommt nicht zustande ohne Gleichgesinnte, ohne einen gewissen

Jacques Prévert, der von Reiner Kunze übersetzte tschechische Lyriker Jan Skácel, Wisława Szymborska und die populäre Kanadierin Margaret Atwood. Sie alle konnten unter den Top 100 ebensowenig berücksichtigt werden wie die Stars der Pop-Musik: Hier galten die Wünsche unter anderem Jim Morrisson, Phil Collins, Depeche Mode, Nina Hagen, den Böhsen Onkelz und den Toten Hosen sowie Eddie Vedder von Pearl Jam. Immerhin machen diese Nominierungen deutlich, daß auch Songtexte als Lyrik wahrgenommen werden. Und weshalb nicht? Bob Dylan gilt seit Jahren als Anwärter auf den Nobelpreis, und 1999 wurde er von Juroren der Zeitschrift «Das Gedicht» unter die hundert wichtigsten Lyriker des 20. Jahrhunderts gewählt – mit Platz 39 rangiert er noch weit vor Gottfried Benn. Dylan hat mit seinen Texten zu Millionen gesprochen, er gilt als die Stimme der Protestgeneration und Neuschöpfer des «Songs», viele seiner Verse sind sprichwörtlich geworden.

Davon können zeitgenössische deutsche Lyriker nur träumen. Die Verkaufserwartung ihrer Gedichtbände liegt meist unterhalb der Enzensbergerschen Konstante von 1.354 Exemplaren. Ihre Resonanz ist – wie die Höreraktion des WDR erneut erwiesen hat – bescheiden. Läßt sich daher die Liste der hundert beliebtesten Gedichte als heutiger, zeitgenössischer und zeitgemäßer Kanon deutschsprachiger Lyrik verstehen? Wohl nur bedingt.

In der Liste der Favoriten sind weite Teile deutscher Literaturgeschichte abgedeckt – und doch erweist sich deren Tradierung als brüchig. Spärlich vertreten ist das Mittelalter (durch «Du bist mîn, ich bin dîn» und Walther von der Vogelweide); das protestantische Kirchenlied fehlt; aus der Frühen Neuzeit wurden die Barocklyriker Friedrich von Logau, Paul Fleming, Andreas Gryphius und Johann Christian Günther gewünscht. Matthias Claudius, dessen Ruhm sich auch auf Vertonungen stützen kann, wird oft gefordert. Die meisten Nennungen erfolgen jedoch bei Goethe und seinen Zeitgenossen, im 19. Jahrhundert bei Eichendorff, Heine, Mörike, C. F. Meyer, ferner Uhland, Platen, Fontane. In der Frühen Moderne Rilke, Trakl, van Hoddis, Schwitters. Dann moderne Klassiker wie Benn, Brecht, Eich, Celan und Bachmann. Von den zeitgenössischen Lyrikern schaffen nur wenige den Sprung auf einen Listenplatz, Hilde Domin und Erich Fried, sind oft genannte Autoren. Die meisten anderen bleiben außen vor, ihre Nominierung reicht zur Plazierung nicht aus; betroffen sind neben Ernst Jandl etwa Hans Magnus Enzensberger und Ulla Hahn, Peter Maiwald und Rainer Malkowski. Somit findet die Gegenwartsliteratur keinen Eingang in diese Sammlung.

NACHWORT

Was bleibet aber, stiften die Hörer
Vox populi ermittelt die Lieblingsgedichte der Deutschen.

Was läßt sich in Erfahrung bringen über den Stellenwert von Lyrik in der Mediengesellschaft, das über die Produzenten- und Rezensentenperspektive, über Lyriknächte und Events in Literaturhäusern und Kultursendungen hinausginge? Ist Dichtung – heute – noch ein «Volksgut»? Jedenfalls starteten im Mai 2000 der Westdeutsche Rundfunk und der Patmos Verlag im Radio, mit Flyern und im Internet eine bemerkenswerte Aktion mit der Frage nach dem «Lieblingsgedicht» der Hörer und Leser.

Die Sorge, es würde nicht genug Beteiligung geben, das Interesse an Lyrik sei zu gering, erwies sich als unbegründet. Mit circa 3.000 Einsendungen – postalisch, telefonisch oder per E-Mail – wurden die Erwartungen der Initiatoren weit übertroffen: Über 900 Gedichte von knapp 300 Autoren wurden nominiert. Eine Lehrerin schickte ein ganzes Konvolut – die Favoriten ihrer Schüler der 6. Klasse. Der Erfolg der Aktion kam nicht von ungefähr, wenn man bedenkt, daß die Frage nach dem Lieblingsgedicht traditionell immer wieder gestellt wird: an Insider in Literaturzeitschriften oder als Teil von Prominenten-Fragebögen, an Kritiker und Konsumenten, an Schüler und Studierende.

Das Überraschende dieser Auswahl – die «Lieblingsgedichte der Deutschen» bieten wenig Überraschungen, es sind fast ausnahmslos Klassiker: weithin bekannte, nicht nur in Werkausgaben verbreitete, sondern auch in Schulfibeln, Haus- und Realienbüchern, Anthologien, Zeitungen und Zeitschriften vielfach gedruckte, bisweilen vertonte, schon von den Großeltern in deren Schülertagen auswendig gelernte, nicht selten lebensbegleitende Texte, über die sich die Kulturnation lange schon definiert.

Daneben gehört zu solchen Ausschreibungen das Mißverständnis, daß viele Hörer – ein «Ritter der erfüllenden Poesie» ist auch darunter – Gedichte aus eigener Werkstatt einsenden. Andere wiederum griffen über die erwartete deutschsprachige Poesie hinaus: Bibeltexte und chinesische Spruchweisheiten wurden ebenso gewünscht wie Gedichte von Shakespeare, Robert Burns, Percy Bysshe Shelley, James Joyce und Dylan Thomas. Dann Autoren wie Tagore, Giuseppe Ungaretti,

Joachim Ringelnatz

Überall

Überall ist Wunderland.
Überall ist Leben.
Bei meiner Tante im Strumpfenband.
Wie irgendwo daneben.

Überall ist Dunkelheit.
Kinder werden Väter.
Fünf Minuten später
Stirbt sich was für einige Zeit.
Überall ist Ewigkeit.

Wenn du einen Schneck behauchst,
Schrumpft er ins Gehäuse,
Wenn du ihn in Kognak tauchst,
Sieht er weiße Mäuse.

ROSE AUSLÄNDER

NICHT FERTIG WERDEN

Die Herzschläge nicht zählen
Delphine tanzen lassen
Länder aufstöbern
Aus Worten Welten rufen
horchen was Bach
zu sagen hat
Tolstoi bewundern
sich freuen
trauern
höher leben
tiefer leben
noch und noch

Nicht fertig werden

Wie manche liebe Christfestnacht
Hab ich im Fährhaus zugebracht
Und sah unsrer Fenster lichten Schein
Und zählte und konnte nicht drüben sein.»

Auf der Norderseite, das Brückenhaus –
Alle Fenster sehen nach Süden aus,
Und die Brücknersleut ohne Rast und Ruh
Und in Bangen sehen nach Süden zu;
Denn wütender wurde der Winde Spiel,
Und jetzt, als ob Feuer vom Himmel fiel',
Erglüht es in niederschießender Pracht
Überm Wasser unten ... Und wieder ist Nacht.

«Wann treffen wir drei wieder zusamm?»
  «Um Mitternacht, am Bergeskamm.»
     «Auf dem hohen Moor, am Erlenstamm.»
«Ich komme.»
      «Ich mit.»
           «Ich nenn euch die Zahl.»
«Und ich die Namen.»
       «Und ich die Qual.»
«Hei!
   Wie Splitter brach das Gebälk entzwei.»

     «Tand, Tand,
Ist das Gebilde von Menschenhand.»

Auf der Norderseite, das Brückenhaus –
Alle Fenster sehen nach Süden aus,
Und die Brücknersleut ohne Rast und Ruh
Und in Bangen sehen nach Süden zu,
Sehen und warten, ob nicht ein Licht
Übers Wasser hin «Ich komme» spricht,
«Ich komme, trotz Nacht und Sturmesflug,
Ich, der Edinburger Zug.»
Und der Brückner jetzt: «Ich seh einen Schein
Am anderen Ufer. Das muß er sein.
Nun, Mutter, weg mit dem bangen Traum,
Unser Johnie kommt und will seinen Baum,
Und was noch am Baume von Lichtern ist,
Zünd alles an wie zum Heiligen Christ,
Der will heuer *zweimal* mit uns sein –
Und in elf Minuten ist er herein.»

Und es war der Zug. Am *Süder*turm
Keucht er vorbei jetzt gegen den Sturm,
Und Johnie spricht: «Die Brücke noch!
Aber was tut es, wir zwingen es doch.
Ein fester Kessel, ein doppelter Dampf,
Die bleiben Sieger in solchem Kampf.
Und wie's auch rast und ringt und rennt,
Wir kriegen es unter: das Element.

Und unser Stolz ist unsre Brück;
Ich lache, denk ich an früher zurück,
An all den Jammer und all die Not
Mit dem elend alten Schifferboot;

Theodor Fontane

Die Brück am Tay

(28. Dezember 1879)

> When shall we three meet again.
> *Macbeth*

«Wann treffen wir drei wieder zusamm?»
   «Um die siebente Stund, am Brückendamm.»
  «Am Mittelpfeiler.»
              «Ich lösche die Flamm.»
«Ich mit.»
    «Ich komme von Norden her.»
«Und ich von Süden.»
          «Und ich vom Meer.»
«Hei, das gibt einen Ringelreihn,
Und die Brücke muß in den Grund hinein.»

«Und der Zug, der in die Brücke tritt
Um die siebente Stund?»
          «Ei, der muß mit.»

«Muß mit.»
   «Tand, Tand,
Ist das Gebilde von Menschenhand!»

Walther von der Vogelweide

Ich saz ûf eime steine
und dahte bein mit beine.
dar ûf satzt ich den ellenbogen.
ich hete in mîne hant gesmogen
daz kinne und ein mîn wange.
dâ dâhte ich mir vil ange,
wie man zer welte solte leben.
deheinen rât kond ich gegeben,
wie man driu dinc erwurbe,
der keinez niht verdurbe.
diu zwei sint êre und varnde guot,
daz dicke ein ander schaden tuot:
daz dritte ist gotes hulde,
der zweier übergulde.
diu wolte ich gerne in einen schrîn:
jâ leider desn mac niht gesîn,
daz guot und weltlich êre
und gotes hulde mêre
zesamene in ein herze komen.
stîg unde wege sint in benomen:
untriuwe ist in der sâze,
gewalt vert ûf der strâze,
fride unde reht sint sêre wunt.
diu driu enhabent geleites niht, diu
      zwei enwerden ê gesunt.

Man möchte eine helle Pfeife kaufen
und kauft die dunkle – andere sind nicht da.
Man möchte jeden Morgen dauerlaufen
und tut es nicht. Beinah... beinah...
   Wir dachten unter kaiserlichem Zwange
   an eine Republik... und nun ists die!
   Man möchte immer eine große Lange,
   und dann bekommt man eine kleine Dicke –
      Ssälawih – !

Kurt Tucholsky

Ideal und Wirklichkeit

In stiller Nacht und monogamen Betten
denkst du dir aus, was dir am Leben fehlt.
Die Nerven knistern. Wenn wir das doch hätten,
was uns, weil es nicht da ist, leise quält.
   Du präparierst dir im Gedankengange
   das, was du willst – und nachher kriegst dus nie...
   Man möchte immer eine große Lange,
   und dann bekommt man eine kleine Dicke –
      C'est la vie – !

Sie muß sich wie in einem Kugellager
in ihren Hüften biegen, groß und blond.
Ein Pfund zu wenig – und sie wäre mager,
wer je in diesen Haaren sich gesonnt...
   Nachher erliegst du dem verfluchten Hange,
   der Eile und der Phantasie.
   Man möchte immer eine große Lange,
   und dann bekommt man eine kleine Dicke –
      Ssälawih – !

GEORG TRAKL

VERKLÄRTER HERBST

Gewaltig endet so das Jahr
Mit goldnem Wein und Frucht der Gärten.
Rund schweigen Wälder wunderbar
Und sind des Einsamen Gefährten.

Da sagt der Landmann: Es ist gut.
Ihr Abendglocken lang und leise
Gebt noch zum Ende frohen Mut.
Ein Vogelzug grüßt auf der Reise.

Es ist der Liebe milde Zeit.
Im Kahn den blauen Fluß hinunter
Wie schön sich Bild an Bildchen reiht –
Das geht in Ruh und Schweigen unter.

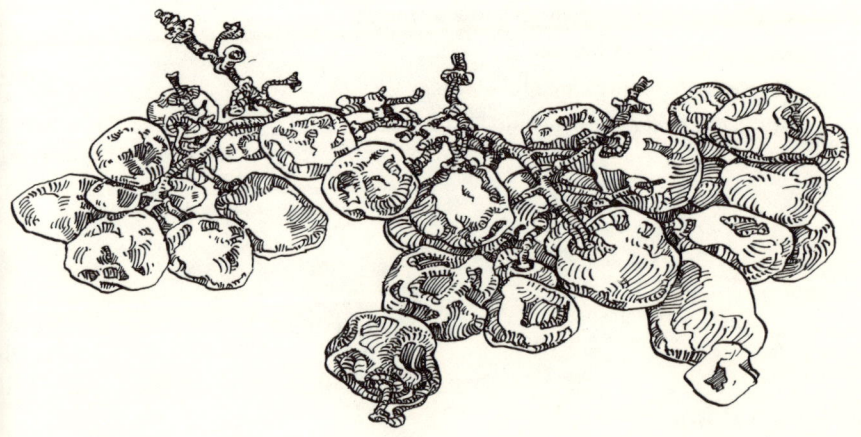

Blau ist die Farbe Deines gelben Haares,
Rot ist die Farbe Deines grünen Vogels.
Du schlichtes Mädchen im Alltagskleid,
Du liebes grünes Tier, ich liebe Dir!
Du Deiner Dich Dir, ich Dir, Du mir, – – – – wir!
Das gehört beiläufig in die – – – Glutenkiste.
Anna Blume, Anna, A – – – – N – – – – N – – – – A!
Ich träufle Deinen Namen.
Dein Name tropft wie weiches Rindertalg.
Weißt Du es, Anna, weißt Du es schon,
Man kann Dich auch von hinten lesen.
Und Du, Du Herrlichste von allen,
Du bist von hinten, wie von vorne:
A – – – – – – N – – – – – – N – – – – – – A.
Rindertalg träufelt STREICHELN über meinen Rücken.
Anna Blume,
Du tropfes Tier,
Ich – – – – – – – liebe – – – – – – – Dir!

KURT SCHWITTERS

AN ANNA BLUME

Oh Du, Geliebte meiner 27 Sinne, ich liebe Dir!
Du, Deiner, Dich Dir, ich Dir, Du mir, – – – – wir?
Das gehört beiläufig nicht hierher!

Wer bist Du, ungezähltes Frauenzimmer, Du bist, bist Du?
Die Leute sagen, Du wärest.
Laß sie sagen, sie wissen nicht, wie der Kirchturm steht.

Du trägst den Hut auf Deinen Füßen und wanderst auf die Hände,
Auf den Händen wanderst Du.

Halloh, Deine roten Kleider, in weiße Falten zersägt,
Rot liebe ich Anna Blume, rot liebe ich Dir.
Du, Deiner, Dich Dir, ich Dir, Du mir, – – – – – wir?
Das gehört beiläufig in die kalte Glut!
Anna Blume, rote Anna Blume, wie sagen die Leute?

Preisfrage:

1.) Anna Blume hat ein Vogel.
2.) Anna Blume ist rot.
3.) Welche Farbe hat der Vogel.

Großmutter spricht: «Morgen ist's Feiertag!
Großmutter hat keinen Feiertag.
Sie kochet das Mahl, sie spinnet das Kleid;
das Leben ist Sorg und viel Arbeit;
wohl dem, der tat, was er sollt'!» –
Hört ihr's wie der Donner grollt?

Urahne spricht: «Morgen ist's Feiertag!
Am liebsten morgen ich sterben mag:
Ich kann nicht singen und scherzen mehr,
ich kann nicht sorgen und schaffen schwer,
was tu' ich noch auf der Welt?»
Seht ihr, wie der Blitz dort fällt?

Sie hören's nicht, sie sehen's nicht,
es flammet die Stube wie lauter Licht:
Urahne, Großmutter, Mutter und Kind
vom Strahl miteinander getroffen sind,
vier Leben endet ein Schlag –
und morgen ist's Feiertag.

GUSTAV SCHWAB

DAS GEWITTER

Urahne, Großmutter, Mutter und Kind
in dumpfer Stube beisammen sind;
es spielet das Kind, die Mutter sich schmückt,
Großmutter spinnet, Urahne gebückt
sitzt hinter dem Ofen im Pfühl –
wie wehen die Lüfte so schwül!

Das Kind spricht: «Morgen ist's Feiertag!
Wie will ich spielen im grünen Hag,
wie will ich springen durch Tal und Höhn,
wie will ich pflücken viel Blumen schön;
dem Anger, dem bin ich hold!» –
Hört ihr's wie der Donner grollt?

Die Mutter spricht: «Morgen ist's Feiertag!
Da halten wir alle fröhlich Gelag.
Ich selber, ich rüste mein Feierkleid;
das Leben, es hat auch Lust nach Leid,
dann scheint die Sonne wie Gold!»
Hört ihr's wie der Donner grollt?

EUGEN ROTH

EIN MENSCH

Ein Mensch erhofft sich fromm und still,
daß er einst das kriegt, was er will;
bis er dann doch dem Wahn erliegt
und schließlich das will, was er kriegt.

Joachim Ringelnatz

Arm Kräutchen

Ein Sauerampfer auf dem Damm
Stand zwischen Bahngeleisen,
Machte vor jedem D-Zug stramm,
Sah viele Menschen reisen.

Und stand verstaubt und schluckte Qualm,
Schwindsüchtig und verloren,
Ein armes Kraut, ein schwacher Halm,
Mit Augen, Herz und Ohren.

Sah Züge schwinden, Züge nahn.
Der arme Sauerampfer
Sah Eisenbahn um Eisenbahn,
Sah niemals einen Dampfer.

Rainer Maria Rilke

ADVENT

Es treibt der Wind im Winterwalde
die Flockenherde wie ein Hirt,
und manche Tanne ahnt, wie balde
sie fromm und lichterheilig wird;
und lauscht hinaus. Den weißen Wegen
streckt sie die Zweige hin – bereit,
und wehrt dem Wind und wächst entgegen
der einen Nacht der Herrlichkeit.

Ihr Leder ist gänzlich unerschöpft –
Die Knöpfe nur sind wieder durchgeknöpft,
Und er stiftet, folgend der Väter Spur,
Eine neue Steinnußgarnitur.

Ja, Geschlechter kommen, Geschlechter gehen,
Hirschlederne Reithosen bleiben bestehen.

Und dann allmählich machte das Reiten
Ihm nicht mehr den Spaß wie in früheren Zeiten.
Besonders der Trab in den hohen Kadenzen
Ist kein Vergnügen für Exzellenzen,
So fiel die Hose durch Dotation
An mich in der dritten Generation.

Ein Reiterleben in Niedersachsen, –
Die Gaben der Hose warn wieder gewachsen!
Sie saß jetzt zu Pferde wie aus Guß,
Und hatte wunderbaren Schluß,
Und abends stand sie mit krummen Knien
Wie immer zum Trocknen am Kamin.

Aus Großvaters Tagen herüber klingt
Eine ferne Sage, die sagt und singt,
Die Hose hätte in jungen Tagen
Eine prachtvolle grüne Farbe getragen,
Mein Vater dagegen – weiß ich genau –
Nannte die Hose immer grau.

Seit neunzehnhundert ist sie zu schaun
Etwa wie guter Tabak: braun!
So entwickelte sie, fern jedem engen Geize,
Immer neue ästhetische Reize,
Und wenn mein ältester einst sie trägt,
Wer weiß, ob sie nicht ins Blaue schlägt!

Denn fern im Nebel der Zukunft schon
Seh ich die Hose an meinem Sohn.
Er wohnt in ihr, wie wir drin gewohnt,
Und es ist nicht nötig, daß er sie schont,

BÖRRIES VON MÜNCHHAUSEN

LEDERHOSEN-SAGA

Es war ein alter schwarzbrauner Hirsch,
Großvater schoß ihn auf der Pirsch,
Und weil seine Decke so derb und dick,
Stiftete er ein Familienstück.
Nachdem er lange nachgedacht,
Ward eine Hose daraus gemacht,
Denn Geschlechter kommen, Geschlechter vergehen,
Hirschlederne Reithosen bleiben bestehen.

Er trug sie dreiundzwanzig Jahr,
Eine wundervolle Hose es war!
Und als mein Vater sie kriegte zu Lehen,
Da hatte die Hose gelernt zu stehen,
Steif und mit durchgebeulten Knien
Stand sie abends vor dem Kamin, –
Schweiß, Regen, Schnee, – ja, mein Bester:
Eine lederne Hose wird immer fester!

Und als mein Vater an die sechzig kam,
Einen Umbau der Hose er vor sich nahm,
Das Leder freilich war unerschöpft,
Doch die Büffelhornknöpfe warn dünngeknöpft
Wie alte Groschen, wie Scheibchen nur, –
Er erwarb eine neue Garnitur.

CHRISTIAN MORGENSTERN

DER LATTENZAUN

Es war einmal ein Lattenzaun,
mit Zwischenraum, hindurchzuschaun.

Ein Architekt, der dieses sah,
stand eines Abends plötzlich da –

und nahm den Zwischenraum heraus
und baute draus ein großes Haus.

Der Zaun indessen stand ganz dumm,
mit Latten ohne was herum.

Ein Anblick gräßlich und gemein.
Drum zog ihn der Senat auch ein.

Der Architekt jedoch entfloh
nach Afri – od – Ameriko.

ELSE LASKER-SCHÜLER

MEIN BLAUES KLAVIER

Ich habe zu Hause ein blaues Klavier
Und kenne doch keine Note.

Es steht im Dunkel der Kellertür,
Seitdem die Welt verrohte.

Es spielen Sternenhände vier
– Die Mondfrau sang im Boote –
Nun tanzen die Ratten im Geklirr.

Zerbrochen ist die Klaviatür.....
Ich beweine die blaue Tote.

Ach liebe Engel öffnet mir
– Ich aß vom bitteren Brote –
Mir lebend schon die Himmelstür –
Auch wider dem Verbote.

Da kann der Mensch, wie es ihm vorgeschrieben,
– Weil er sich selber liebt – den Nächsten lieben.
Ich freue mich, daß ich mich an das Schöne
Und an das Wunder niemals ganz gewöhne.
Daß alles so erstaunlich bleibt, und neu!
Ich freu mich, daß ich ... Daß ich mich freu.

Mascha Kaléko

Sozusagen grundlos vergnügt

Ich freu mich, daß am Himmel Wolken ziehen
Und daß es regnet, hagelt, friert und schneit.
Ich freu mich auch zur grünen Jahreszeit,
Wenn Heckenrosen und Holunder blühen.
– Daß Amseln flöten und daß Immen summen,
Daß Mücken stechen und daß Brummer brummen.
Daß rote Luftballons ins Blaue steigen.
Daß Spatzen schwatzen. Und daß Fische schweigen.

Ich freu mich, daß der Mond am Himmel steht
Und daß die Sonne täglich neu aufgeht.
Daß Herbst dem Sommer folgt und Lenz dem Winter,
Gefällt mir wohl. Da steckt ein Sinn dahinter,
Wenn auch die Neunmalklugen ihn nicht sehn.
Man kann nicht alles mit dem Kopf verstehn!
Ich freue mich. Das ist des Lebens Sinn.
Ich freue mich vor allem, daß ich bin.

In mir ist alles aufgeräumt und heiter:
Die Diele blitzt. Das Feuer ist geschürt.
An solchem Tag erklettert man die Leiter,
Die von der Erde in den Himmel führt.

Hermann Hesse

Beim Schlafengehen

Nun der Tag mich müd gemacht,
Soll mein sehnliches Verlangen
Freundlich die gestirnte Nacht
Wie ein müdes Kind empfangen.

Hände laßt von allem Tun,
Stirn vergiß du alles Denken,
Alle meine Sinne nun
Wollen sich in Schlummer senken.

Und die Seele unbewacht
Will in freien Flügen schweben,
Um im Zauberkreis der Nacht
Tief und tausendfach zu leben.

Heinrich Heine

Leise zieht durch mein Gemüt
Liebliches Geläute.
Klinge, kleines Frühlingslied,
Kling hinaus ins Weite.

Kling hinaus, bis an das Haus,
Wo die Blumen sprießen.
Wenn du eine Rose schaust,
Sag, ich laß sie grüßen.

Heinrich Heine

Im wunderschönen Monat Mai,
Als alle Knospen sprangen,
Da ist in meinem Herzen
Die Liebe aufgegangen.

Im wunderschönen Monat Mai,
Als alle Vögel sangen,
Da hab ich ihr gestanden
Mein Sehnen und Verlangen.

Heinrich Heine

Das Fräulein stand am Meere
Und seufzte lang und bang,
Es rührte sie so sehre
Der Sonnenuntergang.

Mein Fräulein! sein Sie munter,
Das ist ein altes Stück;
Hier vorne geht sie unter
Und kehrt von hinten zurück.

Heinrich Heine

Ein Jüngling liebt ein Mädchen,
Die hat einen andern erwählt;
Der andre liebt eine andre,
Und hat sich mit dieser vermählt.

Das Mädchen heiratet aus Ärger
Den ersten besten Mann,
Der ihr in den Weg gelaufen;
Der Jüngling ist übel dran.

Es ist eine alte Geschichte,
Doch bleibt sie immer neu;
Und wem sie just passieret,
Dem bricht das Herz entzwei.

Johann Wolfgang Goethe

Wandrers Nachtlied I

Der du von dem Himmel bist,
Alles Leid und Schmerzen stillest,
Den, der doppelt elend ist,
Doppelt mit Erquickung füllest,
Ach, ich bin des Treibens müde,
Was soll all der Schmerz und Lust?
Süßer Friede,
Komm, ach komm in meine Brust!

Johann Wolfgang Goethe

Mignon

Kennst du das Land, wo die Zitronen blühn,
Im dunkeln Laub die Goldorangen glühn,
Ein sanfter Wind vom blauen Himmel weht,
Die Myrte still und hoch der Lorbeer steht,
Kennst du es wohl?
           Dahin! Dahin
Möcht' ich mit dir, o mein Geliebter, ziehn!

Kennst du das Haus? auf Säulen ruht sein Dach,
Es glänzt der Saal, es schimmert das Gemach,
Und Marmorbilder stehn und sehn mich an:
Was hat man dir, du armes Kind, getan?
Kennst du es wohl?
           Dahin! Dahin
Möcht' ich mit dir, o mein Beschützer, ziehn!

Kennst du den Berg und seinen Wolkensteg?
Das Maultier sucht im Nebel seinen Weg,
In Höhlen wohnt der Drachen alte Brut,
Es stürzt der Fels und über ihn die Flut:
Kennst du ihn wohl?
           Dahin! Dahin
Geht unser Weg; o Vater, laß uns ziehn!

HILDE DOMIN

NUR EINE ROSE ALS STÜTZE

Ich richte mir ein Zimmer ein in der Luft
unter den Akrobaten und Vögeln:
mein Bett auf dem Trapez des Gefühls
wie ein Nest im Wind
auf der äußersten Spitze des Zweigs.

Ich kaufe mir eine Decke aus der zartesten Wolle
der sanftgescheitelten Schafe die
im Mondlicht
wie schimmernde Wolken
über die feste Erde ziehn.

Ich schließe die Augen und hülle mich ein
in das Vlies der verläßlichen Tiere.
Ich will den Sand unter den kleinen Hufen spüren
und das Klicken des Riegels hören,
der die Stalltür am Abend schließt.

Aber ich liege in Vogelfedern, hoch ins Leere gewiegt.
Mir schwindelt. Ich schlafe nicht ein.
Meine Hand
greift nach einem Halt und findet
nur eine Rose als Stütze.

Matthias Claudius

Die Sternseherin Lise

Ich sehe oft um Mitternacht,
    Wenn ich mein Werk getan
Und niemand mehr im Hause wacht,
    Die Stern am Himmel an.

Sie gehn da, hin und her zerstreut
    Als Lämmer auf der Flur;
In Rudeln auch, und aufgereiht
    Wie Perlen an der Schnur;

Und funkeln alle weit und breit,
    Und funkeln rein und schön;
Ich seh die große Herrlichkeit,
    Und kann mich satt nicht sehn ...

Dann saget, unterm Himmelszelt,
    Mein Herz mir in der Brust:
«Es gibt was Bessers in der Welt
    Als all ihr Schmerz und Lust.»

Ich werf mich auf mein Lager hin,
    Und liege lange wach,
Und suche es in meinem Sinn,
    Und sehne mich darnach.

BERTOLT BRECHT

DIE LIEBENDEN

Sieh jene Kraniche in großem Bogen!
Die Wolken, welche ihnen beigegeben
Zogen mit ihnen schon, als sie entflogen
Aus einem Leben in ein andres Leben.
In gleicher Höhe und mit gleicher Eile
Scheinen sie alle beide nur daneben.
Daß so der Kranich mit der Wolke teile
Den schönen Himmel, den sie kurz befliegen
Daß also keines länger hier verweile
Und keines andres sehe als das Wiegen
Des andern in dem Wind, den beide spüren
Die jetzt im Fluge beieinander liegen
So mag der Wind sie in das Nichts entführen.
Wenn sie nur nicht vergehen und sich bleiben
So lange kann sie beide nichts berühren
So lange kann man sie von jedem Ort vertreiben
Wo Regen drohen oder Schüsse schallen.
So unter Sonn und Monds wenig verschiedenen Scheiben
Fliegen sie hin, einander ganz verfallen.
Wohin ihr? – Nirgend hin. – Von wem davon? – Von allen.
Ihr fragt, wie lange sind sie schon beisammen?
Seit kurzem. – Und wann werden sie sich trennen? – Bald.
So scheint die Liebe Liebenden ein Halt.

GOTTFRIED BENN

REISEN

Meinen Sie Zürich zum Beispiel
sei eine tiefere Stadt,
wo man Wunder und Weihen
immer als Inhalt hat?

Meinen Sie, aus Habana,
weiß und hibiskusrot,
bräche ein ewiges Manna
für Ihre Wüstennot?

Bahnhofstraßen und Ruen,
Boulevards, Lidos, Laan –
selbst auf den Fifth Avenuen
fällt Sie die Leere an –

Ach, vergeblich das Fahren!
Spät erst erfahren Sie sich:
bleiben und stille bewahren
das sich umgrenzende Ich.

'ne Kuh, die saß im Schwalbennest
mit sieben jungen Ziegen,
die feierten ihr Jubelfest
und fingen an zu fliegen.
Der Esel zog Pantoffeln an,
ist übers Haus geflogen,
und wenn das nicht die Wahrheit ist,
so ist es doch gelogen.

ANONYM

Dunkel war's, der Mond schien helle,
Schnee lag auf der grünen Flur,
als ein Auto blitzeschnelle
langsam um die Ecke fuhr.
Drinnen saßen stehend Leute,
schweigend ins Gespräch vertieft,
als ein totgeschoßner Hase
auf der Sandbank Schlittschuh lief.

Und auf einer roten Bank,
die blau angestrichen war,
saß ein blondgelockter Jüngling
mit kohlrabenschwarzem Haar.
Neben ihm 'ne alte Schrulle,
die kaum erst sechzehn war.
Diese aß 'ne Butterstulle,
die mit Schmalz bestrichen war.

Droben auf dem Apfelbaume,
der sehr süße Birnen trug,
hing des Frühlings letzte Pflaume
und an Nüssen noch genug.

Eduard Mörike

Septembermorgen

Im Nebel ruhet noch die Welt,
Noch träumen Wald und Wiesen:
Bald siehst du, wenn der Schleier fällt,
Den blauen Himmel unverstellt,
Herbstkräftig die gedämpfte Welt
In warmem Golde fließen.

GOTTFRIED BENN

ASTERN

Astern – schwälende Tage,
alte Beschwörung, Bann,
die Götter halten die Waage
eine zögernde Stunde an.

Noch einmal die goldenen Herden
der Himmel, das Licht, der Flor,
was brütet das alte Werden
unter den sterbenden Flügeln vor?

Noch einmal das Ersehnte,
den Rausch, der Rosen Du –
der Sommer stand und lehnte
und sah den Schwalben zu,

noch einmal ein Vermuten,
wo längst Gewißheit wacht:
die Schwalben streifen die Fluten
und trinken Fahrt und Nacht.

Joachim Ringelnatz

Im Park

Ein ganz kleines Reh stand am ganz kleinen Baum
Still und verklärt wie im Traum.
Das war des Nachts elf Uhr zwei.
Und dann kam ich um vier
Morgens wieder vorbei,
Und da träumte noch immer das Tier.
Nun schlich ich mich leise – ich atmete kaum –
Gegen den Wind an den Baum,
Und gab dem Reh einen ganz kleinen Stips.
Und da war es aus Gips.

Rainer Maria Rilke

Blaue Hortensie

So wie das letzte Grün in Farbentiegeln
sind diese Blätter, trocken, stumpf und rauh,
hinter den Blütendolden, die ein Blau
nicht auf sich tragen, nur von ferne spiegeln.

Sie spiegeln es verweint und ungenau,
als wollten sie es wiederum verlieren,
und wie in alten blauen Briefpapieren
ist Gelb in ihnen, Violett und Grau;

Verwaschnes wie an einer Kinderschürze,
Nichtmehrgetragnes, dem nichts mehr geschieht:
wie fühlt man eines kleinen Lebens Kürze.

Doch plötzlich scheint das Blau sich zu verneuen
in einer von den Dolden, und man sieht
ein rührend Blaues sich vor Grünem freuen.

Christian Morgenstern

Das ästhetische Wiesel

Ein Wiesel
saß auf einem Kiesel
inmitten Bachgeriesel.

Wißt Ihr
weshalb?

Das Mondkalb
verriet es mir
im Stillen:

Das raffinier-
te Tier
tats um des Reimes willen.

ELSE LASKER-SCHÜLER

Ein alter Tibetteppich

Deine Seele, die die meine liebet,
Ist verwirkt mit ihr im Teppichtibet.

Strahl in Strahl, verliebte Farben,
Sterne, die sich himmellang umwarben.

Unsere Füße ruhen auf der Kostbarkeit,
Maschentausendabertausendweit.

Süßer Lamasohn auf Moschuspflanzenthron,
Wie lange küßt dein Mund den meinen wohl
Und Wang die Wange buntgeknüpfte Zeiten schon?

Johann Gottfried Herder

Ein Traum

Ein Traum, ein Traum ist unser Leben
auf Erden hier.
Wie Schatten auf den Wogen schweben
und schwinden wir,
und messen unsre trägen Tritte
nach Raum und Zeit;
und sind (und wissen's nicht) in Mitte
der Ewigkeit.

FRIEDRICH HEBBEL

SOMMERBILD

Ich sah des Sommers letzte Rose stehn,
   Sie war, als ob sie bluten könne, rot;
Da sprach ich schauernd im Vorübergehn:
   «So weit im Leben, ist zu nah am Tod!»

Es regte sich kein Hauch am heißen Tag,
   Nur leise strich ein weißer Schmetterling;
Doch, ob auch kaum die Luft sein Flügelschlag
   Bewegte, sie empfand es und verging.

Doch ach, schon mit der Morgensonne
Verengt der Abschied mir das Herz:
In deinen Küssen welche Wonne!
In deinem Auge welcher Schmerz!
Ich ging, du standst und sahst zur Erden
Und sahst mir nach mit nassem Blick:
Und doch, welch Glück, geliebt zu werden!
Und lieben, Götter, welch ein Glück!

Johann Wolfgang Goethe

Willkommen und Abschied

Es schlug mein Herz, geschwind zu Pferde!
Es war getan fast eh gedacht.
Der Abend wiegte schon die Erde,
Und an den Bergen hing die Nacht;
Schon stand im Nebelkleid die Eiche,
Ein aufgetürmter Riese, da,
Wo Finsternis aus dem Gesträuche
Mit hundert schwarzen Augen sah.

Der Mond von einem Wolkenhügel
Sah kläglich aus dem Duft hervor,
Die Winde schwangen leise Flügel,
Umsausten schauerlich mein Ohr;
Die Nacht schuf tausend Ungeheuer,
Doch frisch und fröhlich war mein Mut:
In meinen Adern welches Feuer!
In meinem Herzen welche Glut!

Dich sah ich, und die milde Freude
Floß von dem süßen Blick auf mich;
Ganz war mein Herz an deiner Seite
Und jeder Atemzug für dich.
Ein rosenfarbnes Frühlingswetter
Umgab das liebliche Gesicht,
Und Zärtlichkeit für mich – ihr Götter!
Ich hofft' es, ich verdient' es nicht!

Und eilt mit freud'gen Sprüngen, man weiß, wie Kinder sind,
Zur Burg hinan und suchet den Vater auf geschwind:
«Ei Vater, lieber Vater, ein Spielding wunderschön!
So Allerliebstes sah ich noch nie auf unsern Höhn.»

Der Alte saß am Tische und trank den kühlen Wein,
Er schaut sie an behaglich, er fragt das Töchterlein:
«Was Zappeliches bringst du in deinem Tuch herbei?
Du hüpfest ja vor Freuden; laß sehen, was es sei.»

Sie spreitet aus das Tüchlein und fängt behutsam an,
Den Bauer aufzustellen, den Pflug und das Gespann;
Wie alles auf dem Tische sie zierlich aufgebaut,
So klatscht sie in die Hände und springt und jubelt laut.

Der Alte wird gar ernsthaft und wiegt sein Haupt und spricht:
«Was hast du angerichtet? das ist kein Spielzeug nicht;
Wo du es hergenommen, da trag es wieder hin,
Der Bauer ist kein Spielzeug, was kommt dir in den Sinn!

Sollst gleich und ohne Murren erfüllen mein Gebot;
Denn, wäre nicht der Bauer, so hättest du kein Brot;
Es sprießt der Stamm der Riesen aus Bauernmark hervor,
Der Bauer ist kein Spielzeug, da sei uns Gott davor!»

Burg Niedeck ist im Elsaß der Sage wohlbekannt,
Die Höhe, wo vor Zeiten die Burg der Riesen stand,
Sie selbst ist nun verfallen, die Stätte wüst und leer,
Und fragst du nach den Riesen, du findest sie nicht mehr.

ADELBERT VON CHAMISSO

DAS RIESEN-SPIELZEUG

Burg Niedeck ist im Elsaß der Sage wohlbekannt,
Die Höhe, wo vor Zeiten die Burg der Riesen stand;
Sie selbst ist nun verfallen, die Stätte wüst und leer,
Du fragest nach den Riesen, du findest sie nicht mehr.

Einst kam das Riesen-Fräulein aus jener Burg hervor,
Erging sich sonder Wartung und spielend vor dem Tor,
Und stieg hinab den Abhang bis in das Tal hinein,
Neugierig zu erkunden, wie's unten möchte sein.

Mit wen'gen raschen Schritten durchkreuzte sie den Wald,
Erreichte gegen Haslach das Land der Menschen bald,
Und Städte dort und Dörfer und das bestellte Feld
Erschienen ihren Augen gar eine fremde Welt.

Wie jetzt zu ihren Füßen sie spähend niederschaut,
Bemerkt sie einen Bauer, der seinen Acker baut;
Es kriecht das kleine Wesen einher so sonderbar,
Es glitzert in der Sonne der Pflug so blank und klar.

«Ei! artig Spielding!» ruft sie, «das nehm ich mit nach Haus.»
Sie knieet nieder, spreitet behend ihr Tüchlein aus,
Und feget mit den Händen, was da sich alles regt,
Zu Haufen in das Tüchlein, das sie zusammen schlägt;

WILHELM BUSCH

EIN DICKER SACK

Ein dicker Sack – den Bauer Bolte,
Der ihn zur Mühle tragen wollte,
Um auszuruhn mal hingestellt
Dicht an ein reifes Ährenfeld, –
Legt sich in würdevolle Falten
Und fängt 'ne Rede an zu halten.
Ich, sprach er, bin der volle Sack,
Ihr Ähren seid nur dünnes Pack.
Ich bin's, der euch auf dieser Welt
In Einigkeit zusammenhält.
Ich bin's, der hoch vonnöten ist,
Daß euch das Federvieh nicht frißt,
Ich, dessen hohe Fassungskraft
Euch schließlich in die Mühle schafft.
Verneigt euch tief, denn ich bin Der!
Was wäret ihr, wenn ich nicht wär?

Sanft rauschen die Ähren:
Du wärst ein leerer Schlauch,
wenn wir nicht wären.

Wenn sich die Stille nun tief um uns breitet,
so laß uns hören jenen vollen Klang
der Welt, die unsichtbar sich um uns weitet,
all deiner Kinder hohen Lobgesang.

Von guten Mächten wunderbar geborgen,
erwarten wir getrost, was kommen mag.
Gott ist bei uns am Abend und am Morgen
und ganz gewiß an jedem neuen Tag.

Dietrich Bonhoeffer

Von guten Mächten wunderbar geborgen

Von guten Mächten treu und still umgeben,
behütet und getröstet wunderbar,
so will ich diese Tage mit euch leben
und mit euch gehen in ein neues Jahr.

Noch will das alte unsre Herzen quälen,
noch drückt uns böser Tage schwere Last.
Ach Herr, gib unsern aufgeschreckten Seelen
das Heil, für das du uns geschaffen hast.

Und reichst du uns den schweren Kelch, den bittern
des Leids, gefüllt bis an den höchsten Rand,
so nehmen wir ihn dankbar ohne Zittern
aus deiner guten und geliebten Hand.

Doch willst du uns noch einmal Freude schenken
an dieser Welt und ihrer Sonne Glanz,
dann wolln wir des Vergangenen gedenken,
und dann gehört dir unser Leben ganz.

Laß warm und hell die Kerzen heute flammen,
die du in unsre Dunkelheit gebracht,
führ, wenn es sein kann, wieder uns zusammen.
Wir wissen es, dein Licht scheint in der Nacht.

«Weh euch, ihr stolzen Hallen! nie töne süßer Klang
Durch eure Räume wieder, nie Saite noch Gesang,
Nein! Seufzer nur und Stöhnen und scheuer Sklavenschritt,
Bis euch zu Schutt und Moder der Rachegeist zertritt!

Weh euch, ihr duft'gen Gärten im holden Maienlicht!
Euch zeig ich dieses Toten entstelltes Angesicht,
Daß ihr darob verdorret, daß jeder Quell versiegt,
Daß ihr in künft'gen Tagen versteint, verödet liegt.

Weh dir, verruchter Mörder! du Fluch des Sängertums!
Umsonst sei all dein Ringen nach Kränzen blut'gen Ruhms,
Dein Name sei vergessen, in ew'ge Nacht getaucht,
Sei wie ein letztes Röcheln in leere Luft verhaucht!»

Der Alte hat's gerufen, der Himmel hat's gehört,
Die Mauern liegen nieder, die Hallen sind zerstört,
Noch *eine* hohe Säule zeugt von verschwundner Pracht,
Auch diese, schon geborsten, kann stürzen über Nacht.

Und rings statt duft'ger Gärten ein ödes Heideland,
Kein Baum verstreuet Schatten, kein Quell durchdringt den Sand,
Des Königs Namen meldet kein Lied, kein Heldenbuch;
Versunken und vergessen! das ist des Sängers Fluch.

Da schlug der Greis die Saiten, er schlug sie wundervoll,
Daß reicher, immer reicher der Klang zum Ohre schwoll,
Dann strömte himmlisch helle des Jünglings Stimme vor,
Des Alten Sang dazwischen wie dumpfer Geisterchor.

Sie singen von Lenz und Liebe, von sel'ger goldner Zeit,
Von Freiheit, Männerwürde, von Treu und Heiligkeit;
Sie singen von allem Süßen, was Menschenbrust durchbebt,
Sie singen von allem Hohen, was Menschenherz erhebt.

Die Höflingsschar im Kreise verlernet jeden Spott,
Des Königs trotz'ge Krieger, sie beugen sich vor Gott,
Die Königin, zerflossen in Wehmut und in Lust,
Sie wirft den Sängern nieder die Rose von ihrer Brust.

«Ihr habt mein Volk verführet, verlockt ihr nun mein Weib?»
Der König schreit es wütend, er bebt am ganzen Leib,
Er wirft sein Schwert, das blitzend des Jünglings Brust durchdringt,
Draus statt der goldnen Lieder ein Blutstrahl hoch aufspringt.

Und wie vom Sturm zerstoben ist all der Hörer Schwarm,
Der Jüngling hat verröchelt in seines Meisters Arm,
Der schlägt um ihn den Mantel und setzt ihn auf das Roß,
Er bind't ihn aufrecht feste, verläßt mit ihm das Schloß.

Doch vor dem hohen Tore, da hält der Sängergreis,
Da faßt er seine Harfe, sie aller Harfen Preis,
An einer Marmorsäule, da hat er sie zerschellt,
Dann ruft er, daß es schaurig durch Schloß und Gärten gellt:

Ludwig Uhland

Des Sängers Fluch

Es stand in alten Zeiten ein Schloß so hoch und hehr,
Weit glänzt' es über die Lande bis an das blaue Meer,
Und rings von duft'gen Gärten ein blütenreicher Kranz,
Drin sprangen frische Brunnen in Regenbogenglanz.

Dort saß ein stolzer König, an Land und Siegen reich,
Er saß auf seinem Throne so finster und so bleich;
Denn was er sinnt, ist Schrecken, und was er blickt, ist Wut,
Und was er spricht, ist Geißel, und was er schreibt, ist Blut.

Einst zog nach diesem Schlosse ein edles Sängerpaar,
Der ein' in goldnen Locken, der andre grau von Haar;
Der Alte mit der Harfe, der saß auf schmuckem Roß,
Es schritt ihm frisch zur Seite der blühende Genoß.

Der Alte sprach zum Jungen: «Nun sei bereit, mein Sohn!
Denk unsrer tiefsten Lieder, stimm an den vollsten Ton!
Nimm alle Kraft zusammen, die Lust und auch den Schmerz!
Es gilt uns heut, zu rühren des Königs steinern Herz.»

Schon stehn die beiden Sänger im hohen Säulensaal,
Und auf dem Throne sitzen der König und sein Gemahl;
Der König furchtbar prächtig, wie blut'ger Nordlichtschein,
Die Königin süß und milde, als blickte Vollmond drein.

JOACHIM RINGELNATZ

ICH HABE DICH SO LIEB

Ich habe dich so lieb!
Ich würde dir ohne Bedenken
Eine Kachel aus meinem Ofen
Schenken.

Ich habe dir nichts getan.
Nun ist mir traurig zu Mut.
An den Hängen der Eisenbahn
Leuchtet der Ginster so gut.

Vorbei – verjährt –
Doch nimmer vergessen.
Ich reise.
Alles, was lange währt,
Ist leise.

Die Zeit entstellt
Alle Lebewesen.
Ein Hund bellt.

Er kann nicht lesen.
Er kann nicht schreiben.
Wir können nicht bleiben.

Ich lache.
Die Löcher sind die Hauptsache
An einem Sieb.

Ich habe dich so lieb.

RAINER MARIA RILKE

LIEBES-LIED

Wie soll ich meine Seele halten, daß
sie nicht an deine rührt? Wie soll ich sie
hinheben über dich zu andern Dingen?
Ach gerne möcht ich sie bei irgendwas
Verlorenem im Dunkel unterbringen
an einer fremden stillen Stelle, die
nicht weiterschwingt, wenn deine Tiefen schwingen.
Doch alles, was uns anrührt, dich und mich,
nimmt uns zusammen wie ein Bogenstrich,
der aus zwei Saiten *eine* Stimme zieht.
Auf welches Instrument sind wir gespannt?
Und welcher Geiger hat uns in der Hand?
O süßes Lied.

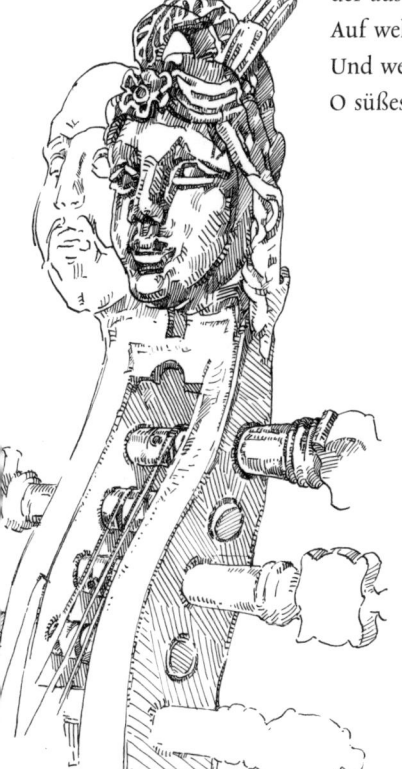

August von Platen

Das Grab im Busento

Nächtlich am Busento lispeln, bei Cosenza, dumpfe Lieder,
Aus den Wassern schallt es Antwort, und in Wirbeln klingt es wider!

Und den Fluß hinauf, hinunter ziehn die Schatten tapfrer Goten,
Die den Alarich beweinen, ihres Volkes besten Toten.

Allzufrüh und fern der Heimat mußten hier sie ihn begraben,
Während noch die Jugendlocken seine Schulter blond umgaben.

Und am Ufer des Busento reihten sie sich um die Wette,
Um die Strömung abzuleiten, gruben sie ein frisches Bette.

In der wogenleeren Höhlung wühlten sie empor die Erde,
Senkten tief hinein den Leichnam, mit der Rüstung, auf dem Pferde.

Deckten dann mit Erde wieder ihn und seine stolze Habe,
Daß die hohen Stromgewächse wüchsen aus dem Heldengrabe.

Abgelenkt zum zweiten Male, ward der Fluß herbeigezogen:
Mächtig in ihr altes Bette schäumten die Busentowogen.

Und es sang ein Chor von Männern: Schlaf in deinen Heldenehren!
Keines Römers schnöde Habsucht soll dir je dein Grab versehren!

Sangen's, und die Lobgesänge tönten fort im Gotenheere;
Wälze sie, Busentowelle, wälze sie von Meer zu Meere!

Eduard Mörike

Gebet

Herr! schicke was du willt,
Ein Liebes oder Leides;
Ich bin vergnügt, daß beides
Aus Deinen Händen quillt.

Wollest mit Freuden
Und wollest mit Leiden
Mich nicht überschütten!
Doch in der Mitten
Liegt holdes Bescheiden.

Du mußt auf deinem Gang
durch Städte wandern;
siehst einen Pulsschlag lang
den fremden Andern.
    Es kann ein Feind sein,
    es kann ein Freund sein,
    es kann im Kampfe dein
    Genosse sein.
  Es sieht hinüber
  und zieht vorüber...
Zwei fremde Augen, ein kurzer Blick,
die Braue, Pupillen, die Lider.
Was war das?
      Von der großen Menschheit ein Stück!
Vorbei, verweht, nie wieder.

Kurt Tucholsky

Augen in der Gross-Stadt

Wenn du zur Arbeit gehst
am frühen Morgen,
wenn du am Bahnhof stehst
mit deinen Sorgen:
    da zeigt die Stadt
    dir asphaltglatt
    im Menschentrichter
    Millionen Gesichter:
Zwei fremde Augen, ein kurzer Blick,
die Braue, Pupillen, die Lider –
Was war das? vielleicht dein Lebensglück ...
vorbei, verweht, nie wieder.

Du gehst dein Leben lang
auf tausend Straßen;
du siehst auf deinem Gang,
die dich vergaßen.
    Ein Auge winkt,
    die Seele klingt;
    du hasts gefunden,
    nur für Sekunden ...
Zwei fremde Augen, ein kurzer Blick,
die Braue, Pupillen, die Lider;
Was war das? kein Mensch dreht die Zeit zurück ...
Vorbei, verweht, nie wieder.

Andreas Gryphius

Betrachtung der Zeit

Mein sind die Jahre nicht, die mir die Zeit genommen;
Mein sind die Jahre nicht, die etwa möchten kommen;
Der Augenblick ist mein, und nehm ich den in acht,
So ist der mein, der Jahr und Ewigkeit gemacht.